TOP 10 ORLANDO

RICHARD GRULA
JIM & CYNTHIA TUNSTALL

PUBLIFOLHA

Mennello Museum; Carmello, drag queen; Merritt Island National Wildlife Refuge

UM LIVRO DORLING KINDERSLEY

www.dk.com

2ª edição brasileira: 2013

PUBLIFOLHA
Divisão de Publicações do Grupo Folha
Al. Barão de Limeira, 401, 6º andar,
CEP 01202-900, São Paulo, SP
Tel.: (11) 3224-2186/2187/2197
www.publifolha.com.br

EDITORA ASSISTENTE: Adriane Piscitelli
COORDENADORA DE PRODUÇÃO GRÁFICA: Soraia Pauli Scarpa
PRODUTORA GRÁFICA: Mariana Metidieri

PRODUÇÃO EDITORIAL
PÁGINA VIVA
TRADUÇÃO: Vera Caputo
EDIÇÃO: Cacilda Guerra
REVISÃO: Beatriz Chaves
DIAGRAMAÇÃO: Bianca Galante

Dados Internacionais de Catalogação na Publicação (CIP)
(Câmara Brasileira do Livro, SP, Brasil)

Grula, Richard
Orlando / Richard Grula, Jim & Cynthia Tunstall ; [tradução Vera Caputo]. 2ª ed. – São Paulo : Publifolha, 2013. (Guia Top 10)

Título original: Top 10 Orlando.
ISBN 978-85-7914-149-2

1. Orlando - Descrição e viagens I. Tunstall, Jim. II. Tunstall, Cynthia. III. Título. IV. Série.

10-00912 CDD-917.59381

Índices para catálogo sistemático:
1. Flórida : Guias de viagem 917.59381

Este livro segue as regras do Acordo Ortográfico da Língua Portuguesa (1990), em vigor desde 1º de janeiro de 2009.

Impresso na South China, China.

Sumário

Top 10 Orlando

As listas Top 10 não estão em ordem de qualidade ou popularidade. As 10 atrações, na opinião dos editores, são iguais em importância.

Foi feito o possível para garantir que as informações deste livro fossem as mais atualizadas disponíveis até o momento da impressão. No entanto, alguns dados como telefones, preços, horários de funcionamento e informações de viagem estão sujeitos a mudanças. Os editores não podem se responsabilizar por qualquer consequência do uso deste guia, nem garantir a validade das informações contidas nos sites indicados.

Os leitores interessados em fazer sugestões ou comunicar eventuais correções podem escrever para a Publifolha, Al. Barão de Limeira, 401, 6º andar, CEP 01202-900, São Paulo, SP, ou enviar um e-mail para: atendimento@publifolha.com.br

Capa – **Alamy Images:** Blaine Harrington III; **Dorling Kindersley:** Stephen Whitehorn ceb. Lombada – **Alamy Images:** Ian Dagnall b. Contracapa - **Alamy Images:** Dennis MacDonald ca; **Dorling Kindersley:** Stephen Whitehorn cda; **Getty Images:** Stone – Doug Armand cea.

Show One Ocean no SeaWorld®; Universal Studios®; Gatorland

Arredores de Orlando

Dicas de Viagem

SeaWorld® Orlando; Kennedy Space Center

Legenda das abreviaturas

AD *Acesso para portadores de deficiência;* **AC** *Ar-condicionado*

TOP 10 ORLANDO

TOP 10 Destaques

Pode-se dizer que nos últimos 30 anos Orlando passou por uma transformação assombrosa. A cidade e seus arredores sofreram uma metamorfose digna de uma Cinderela, a mocinha sem graça que se torna a bela do baile. Milhões de turistas são atraídos para seus hotéis sofisticados, os inúmeros parques temáticos, casas noturnas e restaurantes estrelados. A seguir, as atrações Top 10: o que Orlando tem de melhor.

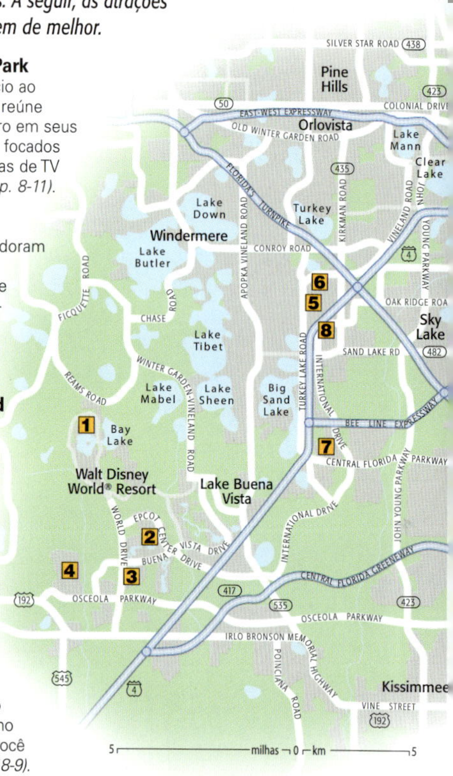

1 Magic Kingdom® Park

O parque que deu início ao império Disney na Flórida reúne fantasia, aventura e o futuro em seus brinquedos e espetáculos focados nos filmes e nos programas de TV produzidos pela Disney *(pp. 8-11)*.

2 Epcot®

As mentes curiosas adoram este parque Disney, que exibe tecnologia no Future World e a cultura, a arquitetura e a culinária de onze países no World Showcase *(pp. 12-5)*.

3 Disney's Hollywood Studios®

Luzes, câmera, ação! Filmes, programas de TV e brinquedos de gelar o sangue estão reunidos neste parque temático, que também é um estúdio cinematográfico *(pp. 16-7)*.

4 Disney's Animal Kingdom®

Os visitantes ficam frente a frente com animais selvagens, mas o espaçoso projeto ambiental deste reino nem sempre permite que você os veja bem de perto *(pp. 18-9)*.

5 Islands of Adventure®

Os principais parques temáticos da Universal recriam os emocionantes mundos de Harry Potter, de Transformers e da Springfield dos Simpsons. Mas 9 dos 13 brinquedos têm limites de peso e de condição física e não servem para crianças ou pessoas sensíveis e delicadas *(pp. 20-3)*.

Nas páginas anteriores, **Incredible Hulk Ride, Islands of Adventure®**

6 Universal Studios Florida®

O que a Disney faz, a Universal também faz. Aqui, temas do cinema e da TV realizam os sonhos mais loucos e os piores pesadelos (com os efeitos especiais). De *Transformers* a *O exterminador do futuro*, todos ganham vida na tela *(pp. 24-7)*.

7 SeaWorld® Orlando

O ambiente tranquilo, o aspecto didático e os animais como atores fazem deste lugar o mais indicado para quem quer fugir das filas e das multidões que se aglomeram nos outros parques *(pp. 28-31)*.

8 Wet'n Wild®

Este parque tem as experiências mais emocionantes que o dinheiro pode proporcionar na cena aquática da cidade *(pp. 34-5)*.

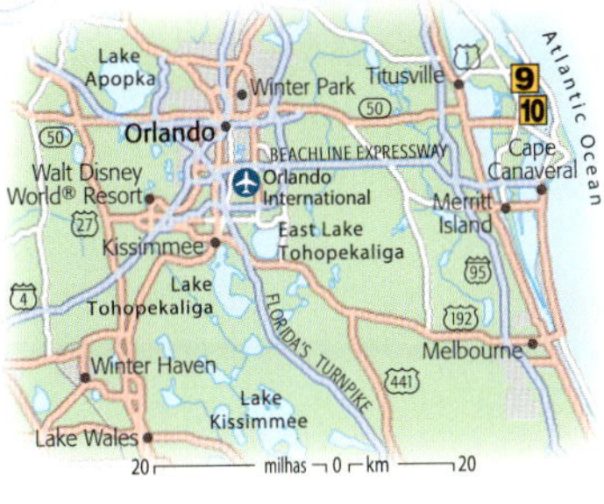

9 Merritt Island

Localizado no Kennedy Space Center, este refúgio de animais selvagens permite conhecer a fauna local e migratória e relaxar numa boa pescaria ou caminhada *(pp. 36-7)*.

10 Kennedy Space Center

O fascínio que o espaço exerce sobre o homem transformou o centro espacial nº 1 da América em uma atração com lançamentos reais de foguetes e exibições *(pp. 38-41)*.

Veja mais sobre os destaques de Orlando nas **pp. 42-85**

TOP 10 The Magic Kingdom® Park

O primeiro parque temático de Walt Disney na Flórida, inaugurado em 1971, foi concebido como um lugar onde os sonhos se realizam, mesmo que por um instante. Foram necessários seis anos e 400 milhões de dólares para criar a "Disneylândia do Leste", que extrapolou o sonho do próprio Walt: não é mera filial do Disneyland® Park da Califórnia, mas o parque temático mais popular dos EUA, recebendo mais de 17 milhões de visitantes por ano (cerca de 40 mil por dia). Embora pouco tenha mudado em 30 anos, suas 40 grandes atrações, e outras menores, são uma ilha da fantasia para crianças e adultos.

Uma coxa de peru defumada do Tomorrowland's Lunching Pad cai bem para enganar a fome, mas é mais barato trazer o próprio lanche e a própria água (as garrafas podem ser enchidas nas muitas fontes do parque).

O FastPass *(p. 132)* evita que você perca tempo nas longas filas para os brinquedos e shows mais concorridos.

Os hóspedes dos resorts da Disney têm direito a tempo extra nos parques com o programa "Extra Magic Hour": todo dia um parque abre uma hora mais cedo ou fecha três horas mais tarde.

Visite o parque no meio da semana, quando há menos movimento.

Só é permitido fumar em áreas externas predeterminadas.

World Drive • Mapa F1 • 4407-824-4321 • www.disneyworld.com • Aberto 9h-19h diariam; informe-se sobre os horários nas diferentes estações do ano • Entr. (ingresso de um dia): adultos US$90,53, crianças (3-9) US$84,14 (imposto incluído); crianças abaixo de 3 não pagam.

Destaques

1. Splash Mountain®
2. Big Thunder Mountain Railroad
3. Peter Pan's Flight
4. Space Mountain®
5. Stitch's Great Escape™
6. Buzz Lightyear's Space Ranger Spin
7. The Many Adventures of Winnie the Pooh
8. Prince Charming Regal Carousel
9. The Magic Carpets of Aladdin
10. Pirates of the Caribbean®

1 Splash Mountain®

O filme da Disney *A canção do sul*, de 1946, inspirou este popular "toboágua", onde o Coelho Brer abre caminho por pântanos, cavernas e pelo "Laughing Place". Muitos giros, curvas e uma descida de 16m a 45° e a 64km/h.

2 Big Thunder Mountain Railroad

Não é dos brinquedos mais velozes, mas suas curvas e mergulhos pelos cenários da corrida do ouro em um trem desembestado proporcionam uma viagem excitante *(acima)*.

3 Peter Pan's Flight

Um navio pirata voador sobrevoa Londres e chega à Terra do Nunca, onde Peter Pan luta contra o Capitão Gancho para salvar Wendy e os irmãos dela.

4 Space Mountain®

A primeira montanha-russa no escuro de Orlando é um foguete que faz curvas fechadas e mergulhos numa velocidade que parece absurda, embora não passe dos 45km/h. Efeitos e elementos cósmicos incrementam a emoção neste brinquedo.

5 Stitch's Great Escape™

Diversão para toda a família, baseia-se nas travessuras do alienígena Stitch no espaço extraterrestre. O brinquedo usa tecnologia sofisticada, gemidos, sons e odores para dar realismo à aventura.

6 Buzz Lightyear's Space Ranger Spin

Os canhões de laser no painel de instrumentos da nave disparam efeitos visuais e sonoros enquanto você percorre o espaço para ajudar o herói de *Toy Story* a salvar o mundo.

7 The Many Adventures of Winnie the Pooh

O ursinho Pooh, Eeyore e toda a turma dos adoráveis personagens de A. A. Milne ganham vida neste tranquilo passeio pela Hundred Acre Wood.

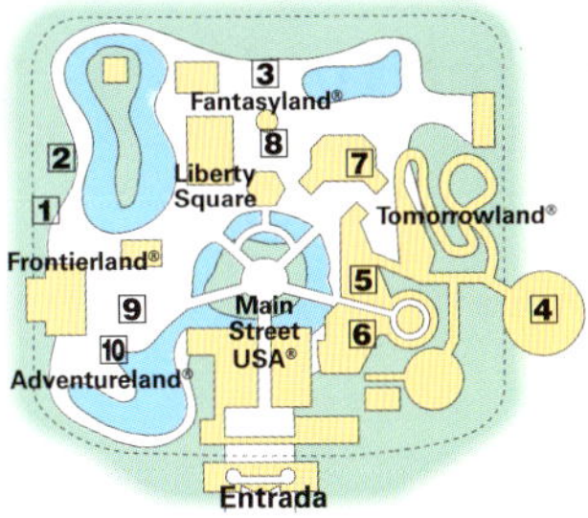

Planta do Magic Kingdom® Park

8 Prince Charming Regal Carousel

Este carrossel restaurado de 1917 é simplesmente encantador. Os cavalos de madeira são bonitos, um órgão toca os clássicos de Disney, as crianças adoram e os adultos lembram das suas próprias brincadeiras de infância.

9 The Magic Carpets of Aladdin

Neste novo brinquedo da Disney, tapetes sobem, descem e inclinam-se ao redor de uma garrafa com o gênio dentro. Mas tome cuidado com os sorrateiros camelos que espirram água pela boca.

10 Pirates of the Caribbean®

Troncos de madeira boiam à deriva enquanto seu barco passa pela aldeia cercada por um bando de piratas bêbados animatrônicos. Calabouços úmidos, risadas aterrorizantes e meretrizes atrevidas, estão todos aqui.

Guia do Parque

Devido ao grande número de pessoas e às longas distâncias, leva-se cerca de 20 minutos para sair do estacionamento e chegar às atrações. Uma vez no parque, o Tip Board, no final da Main Street USA, tem informações atualizadas sobre o tamanho das filas e os horários dos shows. Os mapas do parque são distribuídos no Guest Services, à esquerda da entrada. Você precisará de pelo menos um dia ou partes de vários dias para conhecer o Magic Kingdom®.

Números das Atrações	1	2	3	4	5	6	7	8	9	10
Altura mínima (cm)	102	102	–	102	102	–	–	–	–	–
Idade do grupo recomendada	8+	9+	todas	9+	9+	todas	todas	todas	3+	3+
Duração (em minutos)	10	4	3	3	15	5	4	2	3	8

Veja mais sobre os passeios da Disney na **p. 129**

It's a Small World

TOP 10 Os Melhores Shows e Brinquedos

1 Wishes Nighttime Spectacular
Este show acontece nas noites de verão e nos feriados (às vezes em outras épocas do ano). A Liberty Square, os portões principais e a Frontierland® são as melhores áreas do parque para apreciar a fabulosa exibição. Para ter uma vista geral do Magic Kingdom®, suba aos andares mais altos dos hotéis Disney's Grand Floridian, Polynesian, Contemporary e Wilderness Lodge.

2 Walt Disney World® Railroad
Os antigos trens a vapor percorrem um circuito de 2km por todo o parque, mas a grande vantagem é ir de um lado a outro sem ter que andar a pé. O desfile de 20 minutos para no City Hall, na Main Street USA® e na Frontierland®.

3 Castelo da Cinderela
Principal símbolo do parque, tem 56m de altura. O castelo de conto de fadas é uma cópia do castelo Neuschwanstein, construído por Ludwig, o rei louco da Baviera. Em seu interior, o que mais interessa aos visitantes é o restaurante Cinderella's Royal Table, onde se pode tomar um café da manhã típico *(p. 71)*.

4 Snow White's Scary Adventures
Para receber crianças pequenas, este brinquedo substituiu seus momentos mais assustadores, protagonizados pela Rainha Má e pela Bruxa. A rainha ainda aparece, mas sempre ao lado da Branca de Neve e do Príncipe.

5 It's a Small World
O insistente tema musical colará em seu cérebro durante meses, mas as crianças adoram

o barco que cruza lentamente a "terra" dos pequenos personagens animatrônicos que cantam *It's a Small World After All*, com a voz do Munchkin.

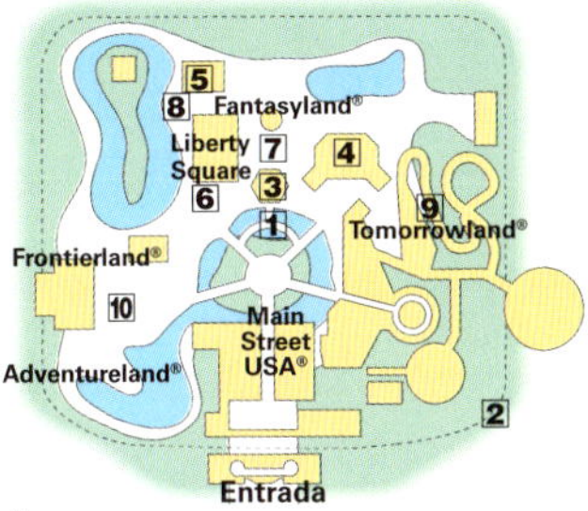

Planta do Magic Kingdom® Park

6 Hall of Presidents

Os presidentes dos EUA animatrônicos assemelham-se muito aos reais neste show educativo que realça a genialidade dos Walt Disney Imagineers (os designers). Os presidentes movem a cabeça e acenam, e Abraham Lincoln é o porta-voz.

7 Mickey's PhilharMagic

A magia e a música de Disney se encontram neste filme em 3-D estrelado por Mickey Mouse, Pato Donald e outros, todos eles animados como jamais se viu. O filme é projetado na sala de concertos PhilharMagic, em Fantasyland®.

8 Haunted Mansion

Os efeitos especiais desta atração já estão meio ultrapassados, mas têm um fiel grupo de fãs. É uma espécie de trem-fantasma lento e assustador que passa por um baile de almas do outro mundo, por uma banda de cemitério e por estranhos objetos voadores.

9 Monsters Inc. Laugh Floor

O "Monstro de Cerimônias" Mike Wazowski traz seus amigos peludos para o palco digital nessa comédia infantil. A plateia, com suas risadas, ajuda a dar vida à cidade de Monstropolis.

10 Country Bear Jamboree

Ursos animatrônicos dançam e cantam com suas vozes graves neste divertido musical. No final, a plateia aplaude e pede bis.

As Paradas do Magic Kingdom®

No verão (e às vezes em outras épocas do ano), a grande atração do parque é a parada noturna (os horários variam). O espetáculo original, a Main Street Electrical Parade, do Disneyland® Park, na Califórnia, foi transferido para o Magic Kingdom® em 1977. Essa mudança resultou no maior, melhor e mais iluminado SpectroMagic. São 20 minutos de uma eletrizante fantasia com chafarizes, seres mitológicos e barcos repletos de personagens Disney. Nada menos que 204 alto-falantes de 72 mil watts usam 75t de baterias (com capacidade para iluminar 90 casas) e 160km de cabos de fibra óptica. O espetáculo é comandado por 30 computadores. Chegue cedo e procure um lugar na frente do castelo. Se não puder ficar até a noite, assista à Share the Dream Come True Parade (diariamente às 15h), com 15 minutos de duração, quando você verá seus personagens Disney favoritos desfilando desde Frontierland® até o fim da Main Street USA®.

Números das Atrações	1	2	3	4	5	6	7	8	9	10
Idade do grupo recomendada	todas	todas	todas	3+	3+	8+	todas		todas	
Duração (em minutos)	20		–	3	11	30	15	8	–	17

TOP 10 Epcot®

Walt Disney concebeu o Epcot® (sigla em inglês de Protótipo Experimental da Comunidade do Amanhã) como uma cidade futurista onde as pessoas vivessem, trabalhassem e se divertissem em um ambiente tecnológico. Quando ele morreu, em 1966, a ideia foi abandonada, e o Epcot® foi inaugurado em 1982 como dois parques em um: o Future World, que enfoca a ciência, a tecnologia e o meio ambiente, e o World Showcase, que exibe a cultura de vários países. A dupla deu certo, porque ambos são educativos e agradam a crianças e adultos. Por ser muito grande, o parque ganhou o apelido, baseado em seu acrônimo, de "Every Person Comes Out Tired" (Todos Saem Exaustos).

Future World: o restaurante Coral Reef, no Living Seas Pavilion, é muito melhor que os do parque ***(p. 95).*** **Reserve com antecedência. World Showcase: prove as massas frescas da Patisserie do Pavilhão Francês.**

Use o FastPass ***(p. 132)***, **o sistema de reserva de bilhetes para a maioria dos brinquedos e shows mais concorridos, e evite perder muito tempo nas filas.**

Poupe tempo e energia tomando os barcos que circulam do Future World ao World Showcase.

Este parque temático leva pelo menos dois dias para ser percorrido.

Epcot Center Dr, Walt Disney World Resort® • Mapa G2 • 407-824-4321 • www.disneyworld.com • Future World: aberto 10h-19h diariam; World Showcase: aberto 11h-21h diariam; os horários são estendidos nos feriados e nos meses de verão • Entr.: adultos US$95,85, crianças (3-9) US$89,46 (imposto incluído); crianças abaixo de 3 não pagam.

Destaques

1. Test Track
2. Innoventions East
3. Innoventions West
4. The Seas with Nemo and Friends
5. Ellen's Energy Adventure
6. Journey into Imagination with Figment
7. Soarin'
8. Mission: SPACE®
9. Spaceship Earth
10. Living with the Land

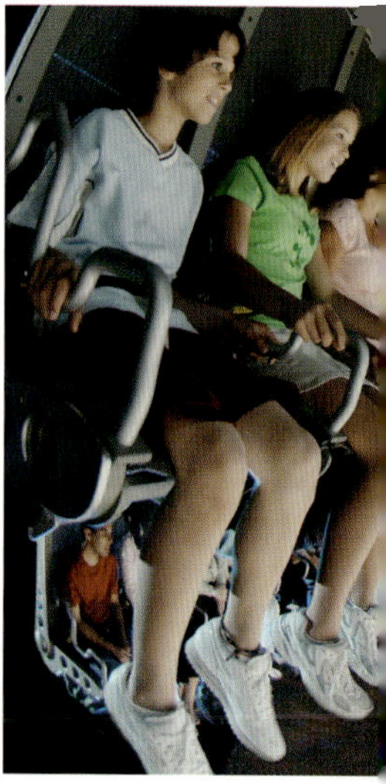

1 Test Track

Neste brinquedo incrível você poderá testar os protótipos dos automóveis antes de serem lançados no mercado consumidor. Os pilotos testam os freios, fazem curvas em S e atingem 104 quilômetros por hora em 12 segundos. Mas é necessário ter 1,02m de altura.

2 Innoventions East

Uma geladeira que faz a lista de compras sozinha e um assento de toalete que esquenta estão entre os itens domésticos "inteligentes" exibidos na House of Innoventions. As crianças gostam da Internet Zone.

3 Innoventions West

Poucos resistem aos Video Games of Tomorrow, apresentação da Sega em que os visitantes conhecem as novas gerações de jogos eletrônicos. Abriga ainda a Medicine's New Vision, uma exposição de videogames com tema médico.

4 The Seas with Nemo and Friends

Embarque em um *"clamobile"* e ajude os amigos do fundo do mar a encontrar Nemo. No mesmo pavilhão há o show interativo "Turtle Talk with Crush", também baseado no filme da Pixar.

5 Ellen's Energy Adventure

Show e brinquedo têm temas relacionados aos combustíveis fósseis do passado e à energia do futuro.

Veja mais sobre as atrações do Walt Disney World® Resort nas **pp. 88-91**

6 Journey into Imagination with Figment

Num dia de visita, o Instituto da Imaginação do Dr. Channing é virado de cabeça para baixo por Figment, o dragão roxo brincalhão que faz a maior bagunça e comanda o passeio por esta casa maluca.

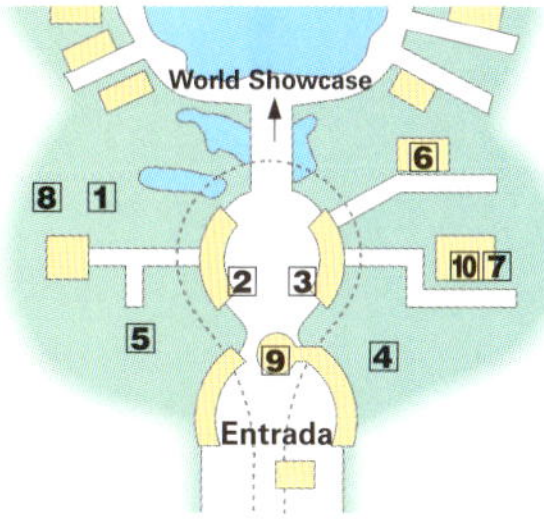

Planta do Epcot® (Future World)

7 Soarin

Sinta a emoção de fazer um voo livre de asa-delta sobre as magníficas paisagens da Califórnia *(abaixo)*. É preciso ter, no mínimo, 1,02m de altura para experimentar este brinquedo.

8 Mission: SPACE®

Este brinquedo de alta adrenalina leva você a uma viagem espacial com aterrissagem em Marte. Não é recomendado para quem sente náuseas com movimento ou não tolera locais apertados, sons altos e giros. Uma alternativa às emoções do "Mission" são os jogos interativos do "Advance Training Lab".

9 Spaceship Earth

A atração não tem nada de especial, mas a gigantesca bola de golfe – na verdade, uma geosfera com 55m de diâmetro – é uma obra de engenharia que usa 11.324 placas triangulares de alumínio que absorvem a água da chuva, impedindo-a de escorrer.

10 Living with the Land

O melhor do Land Pavilion é o passeio de barco por uma floresta tropical, um deserto e biomas de pradaria. Depois, a atração mostra experiências agrícolas, como plantas hidropônicas e o cultivo simulado em solo marciano.

Guia do Parque

A entrada principal é perto do Future World, onde nove pavilhões circundam a Spaceship Earth. Para chegar ao lago World Showcase e aos onze países mais adiante é preciso caminhar, mas os barcos circulares, que passam na Showcase Plaza, param nos pavilhões da Alemanha e do Marrocos. Há uma segunda entrada, o International Gateway, com acesso pelos resorts Disney's Yacht Club, Beach Club e BoardWalk Inn. Nas entradas há mapas com informações sobre os shows.

Números das Atrações	1	2	3	4	5	6	7	8	9	10
Idade do grupo recomendada	8+	8+	8+	todas	todas	todas	8+	12+	todas	todas
Duração (em minutos)	5	–	–	30	32	6	5	45	17	13

Veja mais sobre ciência para crianças no Orlando Science Center, nas **pp. 60 e 113**

Vista geral dos Pavilhões do World Showcase

TOP 10 Pavilhões do World Showcase

1 Canadá
Aqui, a grande atração é o inspirado filme *O Canada!*, em Circle Vision 360 graus, que mostra as belas paisagens do país. Você também "viaja" em um trenó puxado por cães. Do lado de fora, o acidentado relevo do Canadá é recriado de forma convincente. Não deixe de visitar os jardins inspirados nos Butchart Gardens de Victoria, a réplica de uma aldeia de índios e a loja Northwest Mercantile, que vende de artesanato tribal a xarope de bordo canadense.

2 China
O filme em CircleVision *Reflections of China* faz uma viagem fascinante pela natureza e pelos monumentos chineses. No pavilhão há um templo da dinastia Ming, do século XV, um portal cerimonial e muitos jardins. A Yong Feng Shangdian Department Store *(p. 92)* é um verdadeiro tesouro de produtos asiáticos. Não deixe de ver os dinâmicos Dragon Legend Acrobats, que se apresentam várias vezes ao dia.

3 Marrocos
Procure pelo minarete Koutoubia, que é cópia da torre de uma mesquita do século XII situada em Marrakech, e encontrará este exótico pavilhão. Por dentro, a típica arquitetura *souk* é uma riqueza de entalhes e mosaicos. O mercado Casbah *(p. 92)* é apinhado de objetos irresistíveis que são vendidos por "mercadores"; você pode ver os tapetes sendo tecidos em teares. O cuscuz, uma iguaria "local", é servido no restaurante do pavilhão *(p. 95)*.

4 American Adventure
Conheça a história dos EUA nesta dramatização com atores animatrônicos. Mark Twain e Benjamin Franklin são os narradores dos principais fatos, como a Declaração da Indepen-

dência e os discursos de Susan B. Anthony pelos direitos das mulheres. O grupo de cantores Voices of Liberty se apresenta no salão principal, que é uma réplica do Liberty Hall, da Filadélfia.

5 Japão

O deslumbrante pagode com cinco níveis, baseado no templo Horyuji do século VIII situado em Nara, é a peça central deste pavilhão. Os tradicionais jardins japoneses convidam a um relaxante intervalo longe das multidões. Às vezes, a paz e o silêncio são quebrados pelo som de tambores: é o grupo Matsuriza proporcionando um dos melhores espetáculos do Epcot®.

6 Noruega

O Norway's Maelstrom leva você a uma viagem de dez minutos através de fiordes em um barco com dragão na proa. Você desembarca em uma aldeia viking do século X e assiste a um curta-metragem sobre os tesouros naturais da Noruega. A réplica fiel do Castelo Akershus, do século XIV, em Oslo, tem restaurante *(p. 95)*.

7 Reino Unido

Exemplos da arquitetura britânica ao longo de séculos ladeiam as ruas de pedras. Além das lojas que vendem artigos básicos dessa cultura (chás, porcelanas, cristais e outros),

IllumiNations

Criado para celebrar a virada do milênio, este espetáculo de laser e fogos de artifício no Epcot® continua emocionando os visitantes todas as noites, às 21h. É uma apoteose grandiosa de sons e imagens com meia hora de duração, incluindo os chafarizes no lago World Showcase. Há muitos lugares com boa visibilidade ao redor do lago.

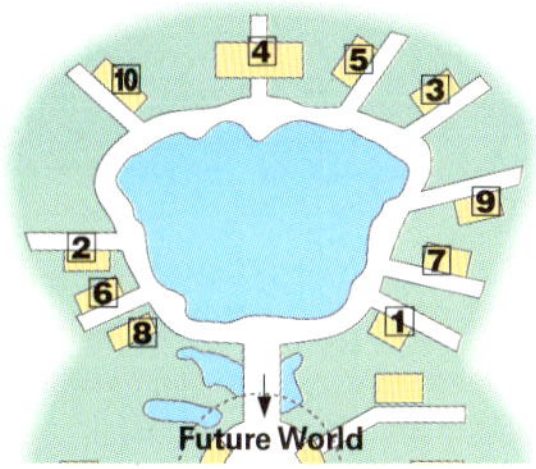

Planta do Epcot® (World Showcase)

há também um parque com um coreto e uma trupe barulhenta e brincalhona.

8 México

El Rio del Tiempo é um passeio de oito minutos em um barco multimídia que explora o México de ontem e de hoje, desde as pirâmides dos maias no Yucatán (uma réplica delas abriga o pavilhão) à vibrante atividade urbana da atual Cidade do México. Mariachis tocam sem parar e há uma *plaza* com bancas que vendem *sombreros, piñatas* e artigos de couro.

9 França

Neste pavilhão você visita réplicas em escala menor, inclusive da Torre Eiffel, e lojas de produtos típicos do país. Um filme de 18 minutos projetado em cinco telas mostra paisagens magníficas embaladas por uma trilha sonora de compositores franceses.

10 Alemanha

Nesta arquetípica aldeia alemã, que parece tirada de uma história em quadrinhos, há uma ferrovia em miniatura que atravessa um vilarejo da Baviera reproduzido nos mínimos detalhes. O restaurante Biergarten (com banda de metais) serve comida tradicional, e nas lojas há desde estatuetas Hummel até vinhos e relógios cuco.

TOP 10 Disney's Hollywood Studios®

Assim como a Universal Studios®, a Disney's Hollywood Studios® ressalta Orlando como um pequeno, porém promissor, centro de produção de filmes e mostra bem de perto o mundo de "Luzes! Câmera! Ação!". O parque custou 300 milhões de dólares, e o resultado é a mais perfeita fusão de diversão e informação; as atrações são complexas e os brinquedos, shows e documentários agradam a todos. As referências nostálgicas aos dias de glória de Hollywood convivem lado a lado com a parafernália high-tech. É uma visita obrigatória até para quem tem pouco interesse por cinema.

O enorme cone de sorvete vendido no Hollywood Scoops é uma delícia, mas, para uma refeição mais substancial, vá ao Sci-Fi Dine-In Theater e coma em um ambiente retrô dos anos 1950 assistindo a clipes de filmes B.

Use o FastPass ***(p. 132)*****, o sistema de reserva de ingressos para os brinquedos e shows mais concorridos, e evite perder muito tempo nas filas.**

Em todos os parques Disney só é permitido fumar em áreas externas predeterminadas.

Para agendar o Backstage Magic Tour, passeio de 6 a 8 horas pelos bastidores de Disney Hollywood Studios®, Epcot® e Disney World®, ligue 407-939-8687.

Epcot Resorts Blvd • Mapa G2 • 407-824-4321 • www.disneyworld.com • Aberto pelo menos 9h-19h, às vezes até mais tarde • Entr.: adultos US$95,85, crianças (3-9) US$89,46 (imposto incluído); crianças abaixo de 3 não pagam.

Destaques

1. Rock 'n' Roller Coaster® Starring Aerosmith
2. Twilight Zone Tower of Terror™
3. Fantasmic!
4. Indiana Jones™ Epic Stunt Spectacular
5. Muppet™ Vision 3-D
6. Studio Backlot Tour
7. Journey into Narnia: Creating The Lion, The Witch and The Wardrobe
8. Star Tours
9. Beauty and the Beast Live on Stage
10. Voyage of the Little Mermaid

1 Rock 'n' Roller Coaster® Starring Aerosmith

Quando você lê a placa "Prepare-se para o maior mergulho de sua vida", já é tarde demais: seu carro está a 97km/h e, em 2,8 segundos, dá inúmeras reviravoltas ao som da banda Aerosmith berrando a 32 mil watts de potência *(acima)*.

2 Twilight Zone Tower of Terror™

O cenário disfarça o terror que é a queda do alto de treze andares. Muitos o consideram o brinquedo mais apavorante da Disney.

3 Fantasmic!

Feixes de laser, fogos de artifício, imagens flutuando e o rato feiticeiro são as estrelas da *extravaganza* que conclama forças do bem contra vilões Disney, como Cruela Cruel e a Rainha Malvada. Os horários das apresentações variam nas estações do ano.

4 Indiana Jones™ Epic Stunt Spectacular

A ação de Indy é um pacote de sustos, quedas violentas e confrontos mortais. Um dublê coordenador revela como tudo é feito.

5 Muppet™ Vision 3-D

Miss Piggy, Kermit e toda a turma protagonizam o show que homenageia o legado de seu criador Jim Henson e a magia dos efeitos especiais Disney.

Veja mais sobre outro parque temático de cinema nas **pp. 24-7**

6 Studio Backlot Tour

Começa com passeio de bonde por estúdios de filmagem e pelo setor de objetos de cena, até o Catastrophe Canyon. Explosão, inundação e incêndio são algumas emoções, antes do cânion em si.

7 Journey into Narnia: Creating The Lion, The Witch and The Wardrobe

Entre em um guarda-roupa e saia na floresta gelada. Sessões de 15 minutos explicam como foi feito este filme espetacular. Também são exibidos os elaborados figurinos e muitos objetos de cena.

Planta do Disney's Hollywood Studios®

8 Star Tours

A espaçonave para 40 pessoas faz uma viagem repleta de quedas livres, saltos e feixes de laser. O show, inspirado em *Guerra nas estrelas*, é apresentado em vídeo 3-D digital com um simulador de movimentos de voo.

9 Beauty and the Beast Live on Stage!

A música de *A bela e a fera* por si só já seria capaz de vender este show em estilo Broadway, mas os cenários, o figurino e as altas cifras da produção são igualmente espetaculares.

10 Voyage of the Little Mermaid

Show dos personagens de *A pequena sereia*, com animação, artistas ao vivo e animatrônicos, em que efeitos especiais simulam uma gruta submarina. Crianças muito pequenas podem se assustar com os raios.

Guia do Parque

Pegue um mapa no Guest Services, à esquerda da entrada principal. Há monitores por toda parte para dar informações. Os quadros informativos nos bulevares Sunset e Hollywood são atualizados sobre os horários de shows, o tempo de espera, as celebridades presentes e o horário de encerramento de shows e brinquedos. O parque tem menos movimento no início da semana, pois muitos turistas vão ao Magic Kingdom® ou ao Epcot®, e pode ser percorrido em um dia.

Números das Atrações	1	2	3	4	5	6	7	8	9	10
Altura mínima (cm)	122	101		–		–	–	101	–	–
Idade do grupo recomendada	9+	9+	todas	todas	todas	todas	8+	8+	todas	todas
Duração (em minutos)	3.5		30	40	25	35	15	10	30	17

TOP 10 Disney's Animal Kingdom®

Como o nome indica, a vida selvagem é o foco da última novidade do império Disney de entretenimento, que abriga mais de 1.700 animais e cerca de 250 espécies espalhadas por 200ha de um cenário exuberante. Aqui, a questão da preservação ambiental é levada a sério e combinada com a diversão de um parque temático, embora haja quem critique o fato de ser difícil ver alguns animais, especialmente nas horas mais quentes do dia. Mas o parque tem vários shows incríveis, além de passeios e atrações sobre a preservação ambiental e a natureza na Disney.

Restaurantosaurus *(p. 71)* **serve fast food para as crianças no almoço e jantar.**

Os melhores horários para ver os animais são quando o parque abre e uma hora antes de fechar, em especial nos meses mais quentes (mai-set).

Use o FastPass *(p. 132)*, **o sistema de reserva de ingressos para os brinquedos e shows mais concorridos, para diminuir o tempo que se perde nas filas.**

Em todos os parques Disney só é permitido fumar em áreas externas predeterminadas.

Savannah Circle, Walt Disney World Resort
- *Mapa G1*
- *407-824-4321*
- *www.disneyworld.com*
- *Aberto 8h-18h, às vezes 7h-19h; ligue para informar-se sobre os horários nas diferentes estações do ano*
- *Entr.: adultos US$95,85, crianças (3-9) US$89,46 (imposto incluído); crianças abaixo de 3 não pagam.*

Destaques

1. Kilimanjaro Safaris®
2. Pangani Forest Exploration Trail®
3. Festival of The Lion King
4. Kali River Rapids®
5. Maharajah Jungle Trek®
6. The Tree of Life
7. It's Tough to Be a Bug!®
8. Finding Nemo – The Musical
9. DINOSAUR
10. The Boneyard®

1 Kilimanjaro Safaris®

Nesta que é a atração mais popular do parque *(dir.)*, você é levado em um sacolejante jipe de safári por estradas de terra para ver rinocerontes, leões, zebras e outros animais. Mas logo se lembrará de que é um parque temático, porque terá de salvar os elefantes dos "caçadores". Os animais são reais, mas o baobá é uma criação dos Disney's Imagineers.

2 Pangani Forest Exploration Trail®

Como você estará cercado por uma densa vegetação, será difícil ver os animais na caminhada pela floresta, com uma diferença: aqui, a atração principal são os gorilas. Mas, se as estrelas do show não aparecerem, há também hipopótamos, aves exóticas e toupeiras de aparência esquisita.

3 Festival of The Lion King

Este é um dos melhores shows de Orlando, feito para mexer com suas emoções. A produção reúne cantores, bailarinos e o apelo popular do Rei Leão para enfatizar toda a diversidade da natureza.

4 Kali River Rapids®

A mensagem preservacionista do parque é evidente nesta excitante descida de corredeira, que começa numa bela paisagem e termina numa área queimada para desmatamento. Para brincar, é preciso ter, no mínimo, 96cm de altura.

Veja mais sobre outras visitas e atrações Disney nas **pp. 88-91**

5 Maharajah Jungle Trek®

É fácil avistar morcegos gigantes, cujas asas têm envergadura do tamanho de um homem, mas os tigres-de-bengala se escondem quando faz muito calor. Talvez dê para ver dragões-de-komodo, tapires e cervos neste giro pela nebulosa Ásia.

6 The Tree of Life

O símbolo do parque é a Árvore da Vida, que mede 44m, criação dos Walt Disney Imagineers. Olhe-a com atenção e verá 325 mamíferos, répteis, anfíbios, insetos, aves, dinossauros e Mickeys entalhados no tronco, nos galhos e nas raízes.

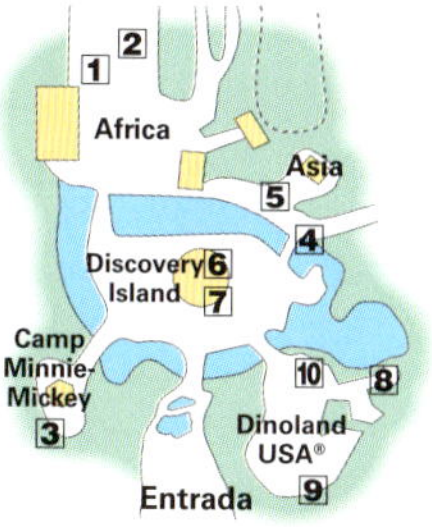

Planta do Disney's Animal Kingdom®

7 It's Tough to Be a Bug!®

Este show em 3-D com muitos efeitos especiais é exibido nos 15m de base da Árvore da Vida e mostra a natureza do ponto de vista de um inseto. Você jamais esquecerá o ponto alto do show.

8 Finding Nemo – The Musical

O original show com bonecos e atores que transforma o Theater in the Wild num encantador mundo submarino. O espetáculo dura 30 minutos.

9 DINOSAUR

Prepare-se para levar muitos sustos nesta emocionante atração ambientada há 65 milhões de anos, onde dinossauros animatrônicos espreitam você na escuridão. A altura mínima exigida é de 1,02m.

10 The Boneyard®

Talvez este seja o melhor parque Disney no gênero. É um playground planejado para esgotar as energias da criançada, no qual os brinquedos se distribuem entre "restos" de dinossauros. Além de educativo, é muito divertido.

Guia do Parque

O maior parque do Walt Disney World Resort® é dividido em seis áreas: Oasis (a entrada); Discovery Island (com a Árvore da Vida no centro); e o Camp Minnie-Mickey (a principal área para as crianças), de onde irradiam Africa, Asia e Dinoland USA®. Pegue um mapa no Guest Relations, na entrada do parque.

Números das Atrações	1	2	3	4	5	6	7	8	9	10
Idade do grupo recomendada	todas	todas	todas	8+	todas	todas	todas	todas	9+	3 a 12
Duração (em minutos)	14	–	28	5	–	–	7	30	4	–

Veja mais sobre outro parque voltado para a preservação nas **pp. 28-31**

TOP 10 Islands of Adventure®

Orlando não tinha muito a oferecer aos viciados em adrenalina até a Universal inaugurar seu segundo parque na Flórida central em 1999. Considerado o "parque temático tecnologicamente mais avançado do mundo", Islands of Adventure (IOA) é o melhor na capacidade de emocionar e inovar (embora o Busch Gardens, de Tampa (p. 82), seja bem visto por caçadores de emoções). Com montanhas-russas, atrações aquáticas e brinquedos assustadores, é ideal para quem gosta de viver perigosamente.

Green Eggs and Ham Café

Não deixe de provar o sanduíche de "presunto e ovos verdes" do Green Eggs and Ham Café.

O sistema Universal Express *(p. 132)* diminui o tempo que se perde nas filas para os brinquedos e shows concorridos.

Em algumas atrações do parque, as filas são menores para quem está desacompanhado ou para casais que aceitam entrar separados.

Quando chove forte, os brinquedos ao ar livre deste parque param de funcionar.

Hollywood Way
- *Mapa T1*
- *407-363-8000*
- *www.universal orlando.com*
- *Aberto pelo menos 9h-19h; ligue para informar-se sobre os horários nas diferentes estações do ano*
- *Entr.: adultos US$97,98, crianças (3-9) US$91,59 (imposto incluído); crianças abaixo de 3 não pagam*
- *Ingressos de um dia podem se tornar passe de dois dias para quem quer voltar ao parque.*

Destaques

1. Incredible Hulk Coaster®
2. The Amazing Adventures of Spider-Man®
3. Doctor Doom's Fearfall®
4. Pteranodon Flyers®
5. Jurassic Park River Adventure®
6. Flight of the Hippogriff™
7. Harry Potter and the Forbidden Journey™
8. Dragon Challenge®
9. Poseidon's Fury®
10. The Cat in the Hat™

1 Incredible Hulk Coaster®

Você berrará no escuro a 64km/h e suportará sete reviravoltas e duas quedas neste percurso de congelar os ossos *(abaixo)*.

2 The Amazing Adventures of Spider-Man®

Ponha óculos 3-D e lute contra os maus enquanto bolas de fogo e outros objetos em alta definição voam na sua direção. A experiência é impressionante *(abaixo)*.

3 Doctor Doom's Fearfall®

Este brinquedo sobe a uma altura de 61m e despenca, parando em alturas diferentes para causar emoções fortíssimas.

4 Pteranodon Flyers®

Gôndolas de metal coloridas balançam para lá e para cá num voo pré-histórico sobre o Jurassic Park.

5 Jurassic Park River Adventure®

Esta aventura começa devagar, mas logo ganha velocidade quando predadores se soltam das jaulas *(abaixo)*. Para escapar, só se jogando numa espécie de calha com 26m de altura.

6 Flight of the Hippogriff™

Esta montanha-russa para toda a família, que tem Harry Potter como tema, destaca o Hipogrifo e leva você para um voo sobre a Floresta Proibida, a Cabana do Hagrid e os domínios de Hogwarts.

7 Harry Potter and the Forbidden Journey™

Depois de entrar nesta atração pelos portões de Hogwarts, você encontra uma horda de Dementadores e joga uma partida de quadribol.

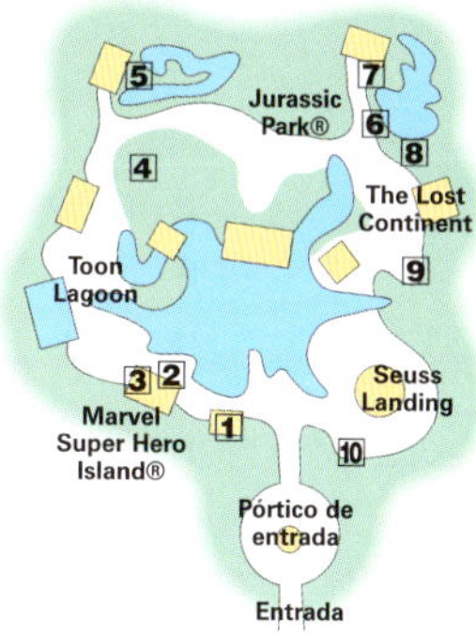

Planta do Islands of Adventure®

Guia do Parque

Mesmo usando os elevadores e as escadas rolantes, leva 20 minutos para sair do estacionamento e chegar às atrações. Vá cedo; se você estiver hospedado em um Resort Universal, consegue entrar antes dos demais visitantes e usar a prioridade de acesso do Universal Express, que permite furar as longas filas mostrando a chave do seu quarto. Não hóspedes podem comprar um Universal Express Plus Pass por 20 dólares mais imposto.

8 Dragon Challenge™

Estas duas montanhas-russas sem apoio para os pés dão cinco cambalhotas e se aproximam 30cm uma da outra nada menos que três vezes. Se você for mesmo corajoso, sente-se na primeira fila.

9 Poseidon's Fury®

Os visitantes passam pelas ruínas do Templo de Posseidon, caem em um vertiginoso redemoinho e então veem o céu despencar sobre suas cabeças diante da poderosa batalha entre Posseidon e Zeus.

10 The Cat in the Hat™

Segure-se num carro que dá voltas e reviravoltas por dezoito cenas do Dr. Seuss. O Gato, Coisa 1 e Coisa 2 esperam você no que é tudo menos um dia comum.

Números das Atrações	1	2	3	4	5	6	7	8	9	10
Altura mínima (cm)	137	102	132	91	107	92	122	137	–	–
Idade do grupo recomendada	9+	8+	10+	7+	9+	9+	9+	9+	todas	8+
Duração (em minutos)		4	0.5	1.5	6.5	2	5.5	2.5	6	

One Fish, Two Fish...; Dudley Do-Right; Jurassic Park® Discovery Center

Top 10 Brinquedos Mais Suaves

1 One Fish, Two Fish, Red Fish, Blue Fish™

Suba e desça em um peixe, dê voltas e reviravoltas neste carrossel aéreo suspenso a 4m do chão. Se você não fizer o que a música manda, leva borrifos de água.

2 Caro-Seuss-El™

Este carrossel substitui os tradicionais cavalos por versões interativas de peixes, pássaros, elefantes e *mulligatawnies* do Dr. Seuss. Você jamais verá os carrosséis tradicionais do mesmo jeito novamente.

3 If I Ran the Zoo

As dezenove estações interativas deste playground seussiano têm serpentes voadoras, cavernas e canhões de água, e até um lugar onde você coça o dedão de um personagem do Dr. Seuss.

4 Jurassic Park® Discovery Center

Enxergue através dos olhos de um dinossauro, misture o seu DNA com o dele e veja um velociraptor animatrônico "chocando" seus ovos no laboratório. Nas várias etapas interativas as crianças recapitulam o que aprenderam sobre os dinossauros.

5 The Mystic Fountain

Faça um pedido a esta fonte da aldeia de Sinbad: é uma fonte interativa que surpreende os visitantes com perguntas e brincadeiras. Não chegue muito perto, porque você pode se molhar.

6 Camp Jurassic

Gaste suas energias neste playground de aventuras com muito a explorar, como as cavernas dos "spitters" (pequenos dinossauros). E aprenda a fazer um dinossauro rugir.

Triceratops Discovery Trail

7 Me Ship, The Olive

A área de brinquedos é cheia de diversões interativas, enquanto o Cargo Crane é uma experiência diferente: você dispara os canhões de água nas barcaças do Popeye and Bluto's Bilge-Rat Barges *(p. 21)*.

8 High in the Sky Seuss Trolley Train Ride!™

Siga a história dos Sneetches™ num passeio tranquilo sobre as atrações de Seuss Landing.

9 The Eighth Voyage of Sinbad Stunt Show

Show repleto de dublês, chamas e explosões enquanto Sinbad sai em busca do tesouro perdido.

10 Storm Force Accelatron

Prepare-se para ficar zonzo quando o super-herói Storm, dos X-Men, começar a girar o veículo com velocidade para criar um campo de energia que mandará o malvado Magneto para o espaço.

As Atrações "Futuristas" da IOA

Quem chega às Islands of Adventure (IOA) conhece as atrações mais tecnológicas já inventadas. No topo da lista está The Amazing Adventures of Spider-Man® (p. 20), cujo desenvolvimento exigiu meia década e mais de 100 milhões de dólares, e foi aprimorado em 2012. Novas tecnologias de cinema digital projetam as imagens em 3-D que levam a plateia ao delírio. O simulador de movimento "Scoop", as pirotecnias e os canhões de vento são perfeitamente sincronizados por uma rede de computadores, os quais também são responsáveis por grande parte do funcionamento do Dragon Challenge™ (p. 21). Eles calculam o peso da carga de passageiros e ajustam a velocidade da partida, para aumentar as emoções do brinquedo. Uma exclusividade da montanha-russa Incredible Hulk Coaster (p. 20) é o sistema de partida que lança os carros no interior de um túnel, em vez da usual subida longa e lenta até o cume de uma vertiginosa descida. Apesar dessas inovações tecnológicas, certos detalhes mais primitivos não podem ser dispensados. Sob a Hulk há uma grande rede que tem a função de aparar os pertences pessoais que caem do bolso dos participantes.

Destaques

1. Steven Spielberg produziu os filmes em 3-D do brinquedo Spider-Man (Homem-aranha).
2. A tela do Spider-Man tem 27m de comprimento.
3. O choque causado pela onda sonora de 15-Hz, usada no Spider-Man, tem frequência baixa o suficiente para causar náuseas nos humanos.
4. Cada "Scoop" do Spider-Man se mexe só 30cm para cima e para baixo.
5. Os dois dragões de Dragon Challenge™ andam a 96km/h e 88km/h.
7. A estrutura do Dragon Challenge™ tem 975m de extensão e leva 3.264 pessoas por hora.
8. Com 969m, a fila do Dragon Challenge™ é a mais longa do mundo.
9. The Hulk tem 1,1km de extensão e leva 1.920 pessoas por hora.
10. A força da gravidade em The Hulk é a mesma que se sente em um jato de combate F-16.

The Incredible Hulk
Os participantes experimentam a ausência de gravidade quando ficam de cabeça para baixo a 32m do chão e despencam a mais de 96km/h.

The Amazing Adventures of Spider-Man®

TOP 10 Universal Studios Florida®

O primeiro parque da Universal foi inaugurado em 1990 com atrações temáticas baseadas em filmes e shows, e a missão de atrair os refletores da Disney's Hollywood. Mas o parque só decolou realmente após uma reforma, graças, em grande parte, ao sucesso dos populares Men in Black™ Alien Attack, Terminator 2®: 3-D, Woody Woodpecker's e a KidZone, que as crianças adoram.

O globo da Universal

Ponha seus óculos escuros e prove um salgado e um cappuccino na Beverly Hills Boulangerie.

Com o ingresso Universal Express *(p. 132)* você passa menos tempo na fila das principais atrações.

As excursões VIP *(p. 129)* ajudam a evitar a multidão dos períodos de pico.

Alguns brinquedos funcionam só a partir das 11h.

1000 Universal Studios Plaza • Mapa T1 • 407-363-8000 • www.universalorlando.com • Aberto pelo menos 9h-19h; ligue para informar-se sobre os horários nas diferentes estações do ano • Entr.: adultos US$92,68, crianças (3-9) US$86,29 (imposto incluído); crianças abaixo de 3 não pagam.

Destaques

1. Terminator 2®: 3-D
2. The Simpsons Ride™
3. Men in Black™ Alien Attack
4. Twister – Ride It Out®
5. Shrek 4-D™
6. Jaws®
7. Disaster!
8. Despicable Me
9. Hollywood Rip Ride Rockit®
10. Revenge of The Mummy®

1 Terminator 2®: 3-D

Muita ação ao vivo, seis robôs com 2,40m de altura e uma projeção em 3-D em três telas *(abaixo)* fazem um show emocionante. Classificação 13 anos.

2 The Simpsons Ride™

Despenque, voe e se jogue a caminho de Krustyland neste simulador de movimento, ao lado de Bart e o resto da família mais querida dos desenhos animados.

3 Men in Black™ Alien Attack

Você e o seu "alienator" tentarão impedir que os grandes vilões intergalácticos invadam o nosso planeta, "girando" pelas ruas e disparando em insetos monstruosos *(abaixo)*.

4 Twister – Ride It Out

Efeitos especiais dão a sensação de que um tornado está sugando todo o ar; a nuvem em forma de funil *(dir.)* tira as vacas do chão. Classificação 13 anos.

5 Shrek 4-D™

Veja, ouça e sinta a ação em "OgreVision", com Shrek e o Burro partindo para salvar a Princesa Fiona do Lorde Farquaad.

Veja mais sobre o parque Islands of Adventure, também da Universal, nas **pp. 20-3**

6 Jaws®

Um barco vive um pesadelo quando surge uma barbatana dorsal e o Tubarão ataca *(acima)*. A atração, de US$45 milhões, é mais assustadora à noite, mas os efeitos especiais são espetaculares também durante o dia.

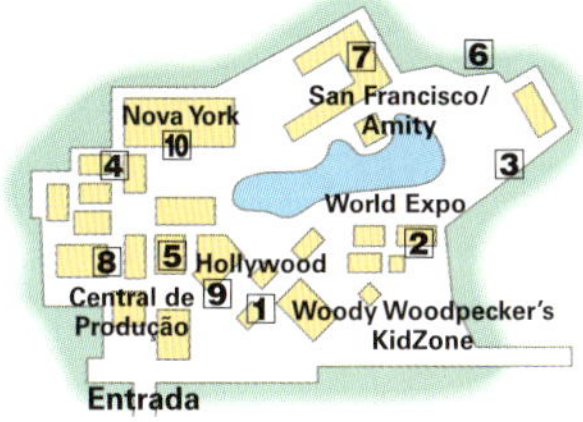

Planta do Universal Studios Florida®

7 Disaster!

Neste brinquedo interativo o visitante revive alguns dos piores desastres do planeta, como incêndios, inundações, terremotos e acidentes de metrô.

Guia do Parque

Leva-se 20 minutos para sair do estacionamento e chegar às atrações. Ao entrar, se você precisar de orientação, os recepcionistas do parque o ajudarão. Quem está hospedado nos hotéis da Universal entra primeiro; se não for o seu caso, procure chegar uma hora antes de os portões abrirem e vá direto para as principais atrações. O parque costuma ficar mais tranquilo durante a semana e a multidão desaparece quando chove, portanto, fique de olho no tempo. Além dos muitos palcos, áreas externas de filmagem, estúdios e lojas, o parque tem áreas verdes onde você pode relaxar.

8 Despicable Me

Explore o refúgio e laboratório secreto do supervilão Gru nesta aventura interativa em 3-D digital. Ria com os demais participantes sendo transformados em minions e levados a uma festa dançante.

9 Hollywood Rip Ride Rockit®

O participante elege a trilha musical para esta montanha-russa de 105km/h, a mais alta de Orlando (dezessete andares sobre a Universal), e pode comprar um DVD do passeio.

10 Revenge of The Mummy®

Montanha-russa de alta velocidade que passa dentro de túmulos egípcios, desafiando os passageiros. Cenas "no escuro" e um trilho de propulsão garantem o sucesso do brinquedo.

Números das Atrações	1	2	3	4	5	6	7	8	9	10
Altura mínima (cm)	–	102	107	–	–	–	–	–	130	120
Idade do grupo recomendada	todas	8+	8+	8+	8+	8+	8+	8+	13+	8+
Duração (em minutos)	23	4	4	18	20	20	5	4	2	4

Veja mais sobre as atrações da International Drive nas **pp. 96-9**

A Day in the Park with Barney™; Beetlejuice's™ Rock 'n Roll Graveyard Revue™

TOP 10 Shows e Muito Mais Para as Crianças

1 Fear Factor Live

Crie coragem para participar deste show interativo radical e seja o protagonista da ação, competindo com outros participantes. Nesta experiência, tudo é imprevisível.

2 Beetlejuice's Graveyard Revue™

Drácula, Lobisomem, Frankenstein e Beetlejuice detonam a casa com músicas e efeitos pirotécnicos em um show com 18 minutos de duração. Classificação: 13 anos.

3 Curious George Goes To Town

Siga as pegadas do ardiloso macaco Curious George neste playground interativo com muita diversão aquática e uma arena com milhares de bolas de esponja.

4 Blues Brothers

Quem não faz questão de ver John Belushi e Dan Ackroyd nos papéis principais de *Os Irmãos Caras de Pau* vai adorar este show de 20 minutos com muito sapateado.

5 Animal Actors on Location

Este criativo show tem animais ao vivo e em vídeo em atitudes selvagens, violentas e, às vezes, estranhas. Há muita participação da plateia.

6 Woody Woodpecker's Nuthouse Coaster®

Parecido com o brinquedo Barnstormer, do Disney's Magic Kingdom® *(p. 8)*, esta atração de 55 segundos para crianças menores (e para adultos mais medrosos) tem uma única curva em caracol.

7 E. T. Adventure®

O extraterrestre que todos amam passeia de bicicleta com os participantes para salvar o planeta. Pedalando sobre paisagens pitorescas, você encontra Tickli Moot Moot e outros personagens de Steven Spielberg, criados especialmente para esta atração.

8 A Day in the Park with Barney™

O dinossauro roxo é a paixão das crianças, e este show de 25 minutos leva os fãs ao delírio. É provável que os adultos o evitem a todo custo.

9 Fievel's Playground®

Este playground aquático tem uma casa que pode ser explorada e um miniescorregador para crianças, mas a fila é lenta.

Fievel's Playground®

10 Universal Orlando®'s Horror Makeup Show

Uma visão hilariante e educativa da produção dos efeitos especiais usados nos filmes. Conheça os segredos, por meio de trechos de filmes, adereços e demonstrações.

Veja mais sobre os melhores jantares com show em Orlando nas **pp. 80-1**

Programas de TV e Filmes Feitos nos Universal Studios®

1. Family Feud
2. Ace Ventura Jr: Pet Detective (2009)
3. Beethoven's Big Break (2008)
4. Psicose IV (1990)
5. O pestinha 2 (1991)
6. Matinee – uma sessão muito louca (1993)
7. O rei da água (1998)
8. Hoover (1998)
9. A casa da colina (1999)
10. Resgate no pântano (2000)

Os Bastidores

A Universal Studios Florida® é mais do que uma atração turística. Desde a inauguração, em 1990, tem sido também o local de produção de milhares de programas de TV, comerciais, clipes e filmes. Embora a produção de TV e cinema tenha sido sobrepujada hoje pelas atrações de parque temático e entretenimento ao vivo (como o do Blue Man Group no Sharp Aquos Theatre), há ainda cinco estúdios de cinema funcionando, dois de rádio, serviços de maquiagem e apoio a elenco, instalações para pós-produção e vários sets de filmagem externa, incluindo recriações de ruas de Nova York, do Hollywood Boulevard, de uma vila de pescadores e vários outros cenários. Embora as áreas não fiquem normalmente abertas ao público, se os visitantes quiserem participar podem se juntar ao pessoal do estúdio caso algum programa de tevê esteja filmando episódios na Universal. Os ingressos para as produções em geral são distribuídos de graça no dia da filmagem. Cheque com o Guest Services para descobrir se há algum programa de TV especial sendo filmado durante sua estada. Também há apresentações regulares que permitem ver os bastidores do processo de filmagem.

Star Spotting

Nos Universal Studios você não só "brinca de fazer cinema", mas também encontra-se pessoalmente com astros e estrelas. Atores representantes de toda uma constelação de lendas e personagens do cinema e da TV, como Marilyn Monroe, Scooby-Doo, Bob Esponja e os Simpsons, circulam pelo parque (especialmente no Front Lot) e estão sempre dispostos a posar para fotos.

Hollywood Boulevard, Universal Studios Florida®

SeaWorld® Orlando

Inaugurado em 1973, o SeaWorld® Orlando é a terceira maior atração da cidade. Como se não bastassem os exemplares da fauna do mar e o objetivo didático, os visitantes podem se aproximar de orcas, leões-marinhos, peixes-bois, arraias e muitos outros animais aquáticos. Em 2012 e 2013 o SeaWorld® passou por grandes reformas – cheque se alguma atração ainda está fechada.

Journey to Atlantis®

Para almoçar, vá ao Sharks Underwater Grill. Neste restaurante elegante os clientes comem peixes e frutos do mar embaixo d'água, cercados por criaturas das profundezas.

Para ter acesso prioritário, compre o ingresso Quick Queue *(p. 132).*

Compense o calor do meio-dia visitando nesse horário as atrações com ar-condicionado.

Não trouxe o carrinho de criança? Alugue um na Children's Store. Radiocomunicadores também podem ser alugados no prédio dos mapas e educação.

7007 SeaWorld Dr • Mapa T5 • 407-351-3600 • www.seaworldorlando.com/seaworld/fla • Aberto 9h, fechado entre 17h e 22h (dependendo da estação do ano) • Entr.: adultos US$81,99, crianças (3-9) US$71,99 (mais 6% imposto); crianças abaixo de 3 não pagam.

Destaques

1. Dolphin Cove
2. Wild Arctic®
3. Kraken®
4. Journey to Atlantis®
5. One Ocean™
6. Shark Encounter
7. Manatee Rescue
8. Pacific Point Preserve
9. Manta
10. A'Lure

1 Dolphin Cove

O alegre "Flipper" está presente ao vivo entre estes divertidos golfinhos-nariz-de--garrafa *(abaixo)* que se aproximam da margem para serem acariciados.

2 Wild Arctic®

Uma réplica do gelado Ártico, cujas paredes de gelo com 2cm de espessura abrigam ursos polares *(abaixo)*, baleias belugas, focas e morsas. Os visitantes podem "chegar" de helicóptero num voo simulado, mas a fila de espera é sempre mais longa.

3 Kraken®

Considerada a montanha-russa "mais alta, mais veloz e mais longa, e a única em Orlando sem apoio para os pés", a Kraken é apavorante! Você despenca de uma altura de quinze andares, fica de ponta-cabeça e mergulha na água a mais de 104,6km/h.

4 Journey to Atlantis®

A grande atração deste "toboágua" é uma queda de 18m de altura e um sobe e desce com muitas curvas já perto do final. Todo mundo sai ensopado, principalmente os que estão na frente do carro.

5 One Ocean™

Este show mostra as majestosas baleias do SeaWorld® brincando, saltando e interagindo entre elas e com seus treinadores, tudo isso com uma trilha musical original.

Veja mais sobre outras diversões aquáticas de Orlando nas **pp. 48-9**

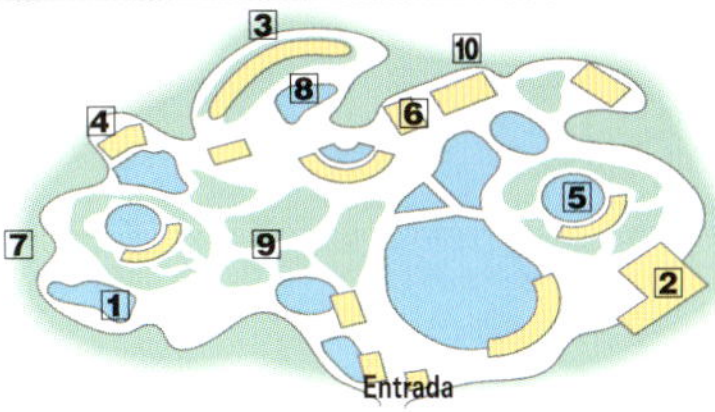

Planta do SeaWorld® Orlando

6 Shark Encounter

Neste túnel submarino de acrílico *(acima)*, considerado o maior do mundo, você fica a 15cm de um tubarão dentuço e é transportado para o mundo das enguias escorregadias, dos baiacus e das lustrosas barracudas.

7 Manatee Rescue

O peixe-boi é um animal dócil, ameaçado de extinção devido a feridas causadas por hélices de barcos. São trazidos para se tratar e podem ser vistos na água.

8 Pacific Point Preserve

Nas pedras escavadas por ondas, simulando o litoral da Califórnia, centenas de leões-marinhos e focas dão cambalhotas e deixam todos ensurdecidos com seus pedidos de comida.

9 Manta

Este brinquedo combina educação e diversão, em aquários gigantes e uma montanha-russa *(esq.)* que faz você girar, planar e voar como uma arraia-manta.

10 A'Lure

Apresentado no Nautilus Theater, é um show emocionante com trapezistas, acrobatas e equilibristas. Narra a lenda das míticas sereias que provocam naufrágios e atraem os marinheiros para o fundo do mar com seu canto hipnótico.

Guia do Parque

Ao chegar, pegue um mapa e a programação dos eventos no Information Counter e organize seu roteiro com os espetáculos que preferir. As atrações mais radicais – Wild Arctic®, Kraken® e Journey to Atlantis® – têm as filas mais longas; deixe para vê-las quando os shows mais concorridos estiverem acontecendo. Se possível, programe sua visita nos finais de tarde ou à noite, quando as filas são menores, faz menos calor e o parque ganha outra aparência.

Dolphin Nursery; Penguin Encounter

TOP 10 Shows e Outras Atrações

1 Pets Ahoy!

Um elenco "multirracial" de dezoito gatos, dezenas de cães, um bando de aves, alguns ratos, três porquinhos e um cavalo exibe todo o seu talento neste divertido show de truques e habilidades.

2 Shamu Close Up

Ver as baleias embaixo d'água no SeaWorld® é um espetáculo à parte. Este é o melhor lugar para ver os animais adultos nadando ao lado dos seus filhotes.

3 Penguin Encounter

Mais de cem pinguins brincam, nadam e soltam gritos nesta recriação do ambiente marinho do polo. Esta atração fechou para reforma em 2012-13.

4 Blue Horizons

Este show é um revolucionário espetáculo teatral com graciosos golfinhos, falsas orcas, um arco-íris de aves exóticas e um magnífico elenco de mergulhadores e trapezistas em figurinos belíssimos.

5 Stingray Lagoon

Debruce-se sobre a amurada do lago para acariciar as aveludadas arraias rajiformes. Esses animais gulosos aproximam-se sem medo de quem lhes oferece peixe – os horários para alimentá-los estão afixados logo ao lado da banca de peixes.

6 Dolphin Nursery

Quando os golfinhos do parque nascem, eles são trazidos para este tanque sombreado para juntar-se aos seus irmãos mais velhos. Os funcionários estão sempre dispostos a responder a qualquer pergunta e a dar as mais curiosas informações.

7 Sky Tower

Para ter uma vista do parque e seus bastidores, faça uma visita guiada à Sky Tower, com 137m de altura. Mas a vista não é gratuita: você terá de comprar ingresso.

8 Manta Aquarium

Aquários do teto ao chão abrigam milhares de peixes tropicais, polvos, dragões do mar raros e mais de 300 arraias. As crianças podem ter uma visão de 360 graus sob a água pelo interior de um domo de observação.

9 Shamu's Happy Harbor

Quando as crianças começarem a se cansar, traga-as para este enorme playground com escorregadores, miniparque aquático, labirinto com quatro andares, tambores de aço e um tanque de areia para os visitantes menores.

10 Turtle Point

Aqui você vê tartarugas marinhas ameaçadas de extinção em um lago natural cercado de praias, dunas e plantas.

Stingray Lagoon

Veja mais sobre o Discovery Cove®, parque vizinho ao SeaWorld®, na **p. 97**

Programa de Resgate e Reabilitação do SeaWorld®

Os funcionários do parque fazem mais do que ensinar as baleias a molhar a plateia. Esses especialistas dos parques SeaWorld® em Orlando, no Texas e na Califórnia ficam de plantão 24 horas por dia para resgatar mamíferos marinhos, aves e tartarugas doentes e feridos. Os animais permanecem no parque até se recuperarem e, quando possível, são devolvidos à natureza. Os ameaçados peixes-bois da Flórida são os mais beneficiados pelo programa de salvamento. Atingidos pelas hélices dos barcos, enroscados nas linhas de pesca e envenenados por toxinas, muitos se ferem ou morrem todos os anos. Quando recebe um chamado, o SeaWorld® envia uma unidade de resgate equipada para um atendimento de emergência. Os peixes-bois em processo de recuperação e os que não sobreviveriam na natureza são mantidos na área do parque reservada para eles (p. 29). Desde que o SeaWorld® Orlando inaugurou esse programa, em 1976, cerca de 270 peixes-bois foram salvos e cem, devolvidos à natureza. Até o final do ano 2000, os programas do SeaWorld® Orlando haviam resgatado e tratado de 3.251 animais, inclusive retirados de cativeiros, e 735 foram devolvidos à natureza.

Animais Resgatados do SeaWorld® Orlando

1. Tartaruga marinha *(Cheloniidae)*
2. Peixe-boi *(Trichechus)*
3. Cachalote Pigmeu *(Kogia breviceps)*
4. Cachalote Anão *(Kogia simus)*
5. Baleia-piloto *(Globicephala)*
6. Golfinho-nariz-de-garrafa *(Tursiops truncatus)*
7. Orca *(Orcinus orca)*
8. Grou-do-Canadá *(Grus canadensis)*
9. Garça *(Ardeidae)*
10. Iraúna *(Quiscalus)*

Programa de Reprodução

O programa de reprodução do SeaWorld® também é um sucesso: filhotes de pinguins, de focas e nada menos que dez orcas nasceram no SeaWorld® Orlando.

Veterinários do SeaWorld® devolvem ao mar três peixes-bois

TOP 10 Wet 'n Wild®

Inaugurado em 1977 por George Millay, o fundador do SeaWorld®, o Wet'n Wild® tem brinquedos divertidos, atividades para toda a família e um clima de praia que todo mundo adora. Embora o parque pertença ao Universal Studios®, há uma refrescante ausência de propaganda subliminar. A principal atração são os brinquedos mais radicais, que deixam os visitantes roucos de tanto gritar. Apesar dos fortes concorrentes do Disney World, como Blizzard Beach e Typhoon Lagoon, o Wet'n Wild® é o melhor e um dos maiores parques aquáticos da região.

A Surf Lagoon central

O Bubba's Bar-B-Q & Chicken é um bom lugar para comer. As lanchonetes do parque só aceitam cartões de crédito ou pulseiras de crédito pré-pago, que podem ser adquiridas no Guest Services.

As escadas dos brinquedos e as ruas asfaltadas ficam muito quentes no verão. Use tênis antiderrapantes.

Os brinquedos mais velozes podem até arrancar a roupa! Mulheres devem vestir camiseta por cima do biquíni.

As crianças precisam ter no mínimo 91cm de altura para brincar desacompanhadas.

6200 International Dr • Mapa T2 • 407-351-1800 • www.wetnwildorlando.com • Aberto 10h-17h diariam; ligue para informar-se sobre os horários nas diferentes estações do ano • Entr.: adultos US$58,58, crianças (3-9) US$53,25 (imposto incluído); crianças abaixo de 3 não pagam; descontos à tarde o ano todo.

Destaques

1. Der Stuka/The Bomb Bay
2. The Storm
3. Black Hole
4. Disco H2O
5. Mach 5
6. The Flyer
7. Lazy River
8. Bubba Tub
9. The Blast
10. Brain Wash

1 Der Stuka/ The Bomb Bay

Há dois brinquedos de alta adrenalina no parque: Der Stuka, uma queda livre de seis andares com 78° de inclinação, e Bomb Bay *(abaixo)*, da mesma altura e mais aterrorizante.

2 The Storm

Você é disparado em meio a muita fumaça, trovões e (à noite) raios, despenca em parafuso em uma enorme tina e finalmente cai na piscina.

3 Black Hole

Duas pessoas seguram-se em um bote ao passar por uma espiral de tubos com 153m de extensão *(dir.)*.

4 Disco H2O

Embarque em um tubo para quatro pessoas para entrar nesta boate aquática, que toca grandes sucessos da década de 1970.

Veja mais sobre outros parques aquáticos de Orlando nas **pp. 48-9**

5 Mach 5

As pessoas descem pela calha em colchões de espuma *(acima)*. Mantenha o colchão longe da parede nas curvas.

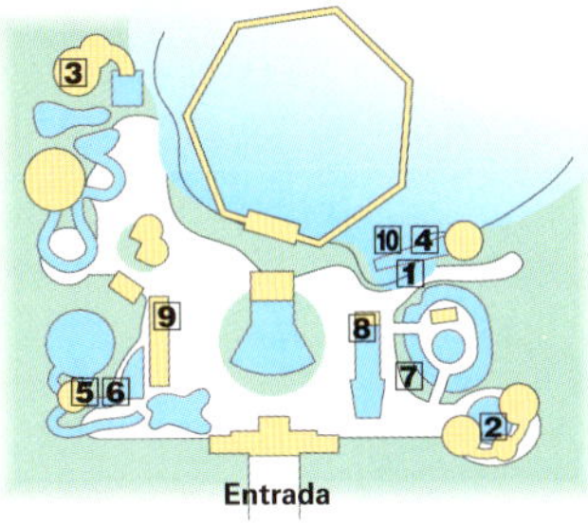

Planta do Wet'n Wild®

6 The Flyer

Neste tobogã aquático, pranchas com quatro pessoas descem 137m de curvas inclinadas e disputam a frente na reta de chegada.

7 Lazy River

Canal circular com 1,6km de extensão *(esq.)* com muitas palmeiras, plantas tropicais e cachoeiras. Você flutua em uma boia (que precisa ser alugada) ou nada tranquilamente até chegar ao ponto de partida de disco music dos anos 1970.

8 Bubba Tub

Aqui, você escorrega do alto de seis andares *(esq.)* e passa por três fortes quedas. Nos botes redondos, para até cinco pessoas, a família pode gritar em uníssono.

9 The Blast

Um passeio aquático para duas pessoas por um tobogã de tubo. Os participantes percorrem um cenário colorido de maquinaria e tubulações de água jorrando, com muitos efeitos de som, até o mergulho final numa cachoeira.

10 Brain Wash

Agarre-se ao bote inflável para duas ou quatro pessoas *(acima)* quando for arremessado por um tubo de seis andares e cair do alto de 16m dentro de um funil gigante. É preciso ter, no mínimo, 1,22m de altura.

Guia do Parque

O parque Wet'n Wild® fica na gigantesca Surf Lagoon, em torno da qual as atrações se distribuem. Quando chegar ao parque, dirija-se ao balcão Tube, Towel & Locker Rental, à direita, e alugue boias, toalhas e um armário para guardar seus pertences. Você pode voltar aqui quantas vezes quiser. O Guest Services está à esquerda da entrada. Se você só quiser tomar sol e relaxar, reserve uma cadeira de praia com sua toalha e escolha o brinquedo que tiver a menor fila. E não esqueça o protetor solar.

TOP 10 Merritt Island

Graças ao programa espacial do governo norte-americano, o Merritt Island National Wildlife Refuge, no Kennedy Space Center, se tornou a segunda maior reserva natural da Flórida. Decretados em 1963 área de segurança da Nasa, seus 570km² são hoje um importante habitat de espécies ameaçadas de extinção e rota migratória de centenas de aves. Os peixes-bois (manatis) são a grande atração da reserva.

Aqui começa a Wildlife Drive

Compre o que for necessário na Paul's Smoke House, na margem da Indian River Lagoon, antes de ir para a ilha.

As melhores horas do dia para ver os animais na Black Point Wildlife Drive são de uma a duas horas após o amanhecer e antes do anoitecer. É quando eles saem para se alimentar.

Localizado a leste de Titusville na SR 402. Na I-95, pegue a saída 220 e siga 6,5km (4 milhas) para leste na SR 402 (Garden Street).
- *321-861-0667*
- *http://fws.gov/merritt island ou www.nbbd.com/ godo/minwr*
- *Aberto o ano todo*
- *Fechado nos feriados e 4 dias antes dos lançamentos de naves espaciais*
- *Não cobra ingresso (US$5 de taxa diária para as rampas de barco)*

Destaques

1. Manatee Observation Point
2. Black Point Wildlife Drive
3. Pesca
4. Passeios de Barco
5. Bird Tours
6. Caminhadas
7. Caça na Cachoeira
8. Visitor Center
9. Migrações
10. Praias

1 Manatee Observation Point

Embora sejam mais frequentes na primavera e no outono, os peixes-bois *(acima)* ficam na reserva o ano todo. Os visitantes podem vê-los de perto no rio Banana ou na plataforma de observação do canal Haulover.

2 Black Point Wildlife Drive

Esta estrada passa pelos melhores pontos para se ver os animais. São 12km (7 milhas) em que você pode observar uma grande variedade de patos, aves pernaltas e aves de rapina.

3 Pesca

Quem tem licença para pescar na Flórida pode jogar o anzol nos rios Indian e Banana, e na Mosquito Lagoon, onde são comuns os salmonetes e as trutas-arco-íris.

4 Passeios de Barco

A melhor forma de se aproximar dos animais é de barco ou canoa *(esq.)*. As aves pernaltas ficam nas margens dos rios e os peixes-bois, nas partes mais profundas.

5 Bird Tours

A reserva oferece excursões específicas para novatos em observação de pássaros. Um voluntário treinado ensina a identificar as muitas espécies, como esta garça branca *(abaixo)*.

Planta do Merritt Island

6 Caminhadas

Há seis trilhas para caminhadas, com muitos trechos encharcados, mas nenhum muito difícil de percorrer. Elas podem ter de 400m a 8km de extensão.

7 Caça na Cachoeira

É tão grande o número de aves nos períodos migratórios que entre novembro e janeiro é permitido caçar patos e galeirões. Autorizações e cartões de segurança são exigidos, e todos os grupos devem retornar antes do anoitecer.

8 Visitor Center

Além de um vídeo de 20 minutos sobre a reserva, o centro tem exposições e mostras educativas que apresentam bem a ilha. Os brejos que ficam atrás do centro *(esq.)* são os melhores para ver os aligatores.

9 Migrações

A reserva recebe animais migratórios o ano todo. As aves chegam em maio e as tartarugas desovam na areia em junho e julho. Em setembro, os rios se enchem de patos.

10 Praias

Quem visita a reserva passa mais tempo em terra do que na água, mas a Playalinda Beach oferece acesso, estacionamento e outras instalações para os nadadores. Cuidado com os aligatores na estrada para a praia *(esq.)*.

Audioguia

O Visitor Center vende guias em CD e filmes sobre a Black Point Wildlife Drive. No início da estrada é distribuído um guia impresso para que você consiga se orientar sozinho. Ele fornece informações sobre os melhores lugares para ver os animais. No final da visita, coloque o guia de volta na caixa para que outros visitantes possam usá-lo.

TOP 10 Kennedy Space Center

Mais do que qualquer outra atração da Flórida, o Kennedy Space Center destaca e celebra os frutos da curiosidade e imaginação humanas. Construído em 1967, o Visitor Complex do centro tornou-se um dos destinos turísticos mais populares. A cada ano, abre uma nova e fascinante janela para o espaço interplanetário a mais de 1,5 milhão de visitantes, e é também onde acontecem os emocionantes lançamentos de naves espaciais.

Edifício de Montagem de Veículo

Compre um hot dog e sente-se ao lado de uma autêntica pedra da Lua no Moon Rock Café.

O Kennedy Space Center Tours fornece ingressos e transportes para o Visitor Complex, em conduções que saem de Orlando e Kissimmee. Ligue 888-838-8915 ou visite www.kennedyspacecentertours.net

Rte 405, Titusville • Mapa complementar • 321-449-4444 • www.kennedyspacecenter.com • Aberto 9h-19h diariam • Entr: US$43, crianças (3-11) US$33, crianças (0-2) grátis • Os ingressos para os lançamentos de foguetes devem ser comprados com antecedência. Ligue 321-449-4400 para informações sobre ingressos para lançamentos • www.kennedyspacecenter.com para mais informações • Ligue para saber detalhes dos passeios incluídos.

Destaques

1. Lançamentos de Espaçonaves
2. Cape Canaveral: Then & Now Tour
3. Shuttle Launch Experience
4. Astronaut Encounter
5. LC-39 Observation Gantry
6. IMAX Theaters
7. International Space Station Center
8. Apollo/Saturn V Center
9. Rocket Garden
10. Early Space Exploration

1 Lançamentos de Espaçonaves

Assisti-los *(abaixo)* é uma dessas experiências que só se tem uma vez na vida. Consulte no site as datas de lançamentos de foguetes.

2 Cape Canaveral: Then & Now Tour

Neste passeio de três horas veem-se plataformas de lançamento históricas e o US Air Force Space & Missile Museum.

3 Shuttle Launch Experience

Esta excitante simulação *(acima)* permite que os visitantes vejam, ouçam e sintam os ônibus espaciais sendo lançados ao espaço.

4 Astronaut Encounter

O Kennedy Space Center é o único lugar do mundo em que os visitantes podem conhecer um astronauta todos os dias *(dir.)*. Crianças e adultos gostam muito das sessões de 30 minutos de perguntas e respostas.

5 LC-39 Observation Gantry

Da torre se vê o Edifício de Montagem de Veículo, onde foguetes são montados, e a Crawlerway, estrada por onde os foguetes são levados à plataforma de lançamento a 1,6km/h.

6 IMAX Theaters

Os dois cinemas de 5,5 andares dos prédios geminados do Centro mostram dois filmes: *Space Station – 3D* e *Hubble 3D*, que dão uma visão inspiradora dos confins do Universo e do legado do telescópio espacial Hubble, o primeiro observatório orbital do mundo.

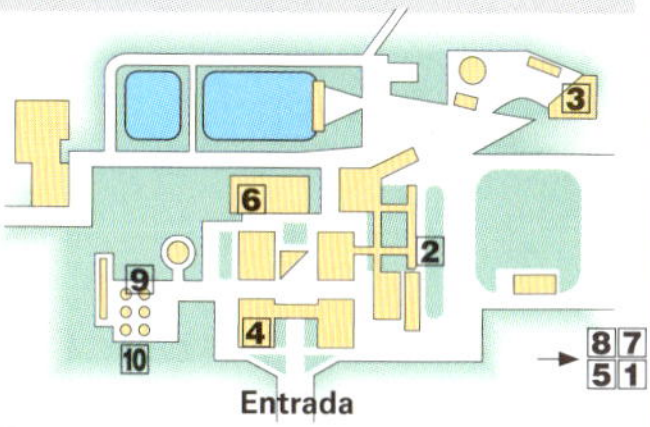

Planta do Kennedy Space Center

7 International Space Station Center

Aqui, os visitantes podem ver as maquetes detalhadas dos compartimentos da International Space Station e como seus componentes reais são utilizados.

8 Apollo/Saturn V Center

Os visitantes revivem o histórico lançamento da Apollo 8 no Firing Room Theater e passam pelo único dos três foguetes *Saturn V (acima)* que ainda existe *(p. 40)*.

Guia do Centro

Distante cerca de 45 minutos de carro de Orlando, o centro faz parte do Merritt Island National Wildlife Refuge *(p. 52)*. O ingresso dá direito a um passeio de ônibus pelas exibições que acontecem mais longe do Visitor Complex; vale a pena alugar um audioguia. As áreas de embarque dos ônibus estão dentro do complexo, adiante do centro de informações. Raramente o centro fica cheio, exceto nos dias de lançamento.

9 Rocket Garden

Diferente de qualquer outro jardim, esta área *(dir.)* abriga oito foguetes reais, entre eles um Mercury Atlas, semelhante ao que lançou ao espaço o astronauta John Glenn. As luzes vermelhas, brancas e azuis dessas espaçonaves históricas despertam um sentimento patriótico.

10 Early Space Exploration

Esta exposição permite que os visitantes conheçam os painéis de controle da Missão Mercury usados nos primeiros voos tripulados norte-americanos. Além disso, dá destaque aos programas espaciais *Mercury* e *Gemini* e exibe artefatos dos primeiros voos tripulados.

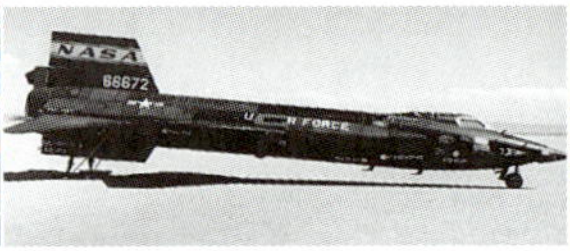

Saturn V; *X-15*; cápsula *Gemini VII* lançada pelo *Titan II*

Top 10 Foguetes: Passado, Presente e Futuro

1 Jupiter C

Esta primeira versão do foguete *Mercury Redstone (abaixo)* foi desenvolvida pela equipe do cientista alemão Wernher von Braun. O *Jupiter C* levou o primeiro satélite norte-americano, *Explorer I*, e foi lançado no dia 31 de janeiro de 1958.

2 X-15

O avião a jato *X-15* cumpriu 199 missões entre 1959 e 1968, transportando a nata dos astronautas, inclusive Neil Armstrong, que caminhou sobre o solo lunar. O foguete voou a 107.960m de altitude a 7.274km/h.

3 Mercury Redstone

Este foguete levou o primeiro norte-americano ao espaço. A viagem de 15 minutos e 22 segundos com Alan B. Shepard Jr. a bordo da cápsula *Freedom 7* em 1961 foi uma das seis do programa Mercury.

Mercury Redstone

4 Mercury Atlas

Quando o programa Mercury passou a ser orbital, o *Atlas* substituiu o *Mercury Redstone*. Este foguete levou John Glenn, Scott Carpenter, Wally Schirra e Gordon Cooper ao espaço em 1962-63.

5 Titan II

Quando a cápsula precisou ser aumentada para acomodar dois tripulantes, este foguete conquistou seu lugar na história da Nasa. Fez dez voos tripulados (as expedições Gemini Titan) entre 1965 e 1966.

6 Saturn 1B

O *Saturn 1B* lançou em órbita a espaçonave lunar *Apollo* em meados dos anos 1960, como treino para os voos tripulados à Lua. Mais adiante, lançou três missões tripuladas à estação espacial Skylab (1973) e os astronautas americanos que participaram do Projeto Teste Apollo/Soyuz (1975).

7 Saturn V

Com 110m de comprimento, é o maior veículo de lançamento já montado. O auge da sua carreira foi a missão de oito dias Apollo 11, em 1969, que levou Buzz Aldrin e Neil Armstrong à Lua.

8 Titan Centaur

O foguete *Titan Centaur* lançou em 1977 as naves *Voyager I* e *II*, para explorar Júpiter e Saturno, Urano e, doze anos mais tarde, Netuno.

9 Pegasus

Embora a versão atual seja menos mítica, ela colocou em órbita baixa satélites de comunicação pequenos, a partir de naves-mães como a *L-1011*.

10 Veículo de Lançamento X-43A

É possível que estes pequenos foguetes possam lançar jatos não tripulados a altas velocidades e altitudes, aumentando a segurança dos voos tripulados.

Programa Espacial dos EUA: Dados

1. **5 de maio de 1961** Alan B. Shepard Jr. é o 1º americano no espaço.
2. **20 de fevereiro de 1962** John H. Glenn Jr. é o 1º americano a entrar na órbita da Terra.
3. **3 de junho de 1965** Edward H. White é o 1º americano a flutuar no espaço.
4. **20 de julho de 1969** Neil A. Armstrong é o 1º homem a pisar na Lua.
5. **11-13 de abril de 1970** Uma explosão quase causa desastre na *Apollo 13*.
6. **12 de abril de 1981** É lançado o 1º ônibus espacial.
7. **28 de janeiro de 1986** Sete astronautas morrem na explosão do *Challenger*.
8. **27 de maio-6 de junho de 1999** O ônibus espacial chega pela 1ª vez à Estação Espacial Internacional.
9. **1º de fevereiro de 2003** O *Columbia* explode ao entrar na atmosfera, matando sete astronautas.
10. **21 de julho de 2011** Fim do programa do ônibus espacial com a aterrisagem do *Endeavour* no Kennedy Space Center.

O Ônibus Espacial

Os ônibus espaciais foram as primeiras naves totalmente reutilizáveis – e os veículos da Nasa que obtiveram maior aprovação. Cinco se aventuraram no espaço: Columbia, Challenger, Discovery, Atlantis *e* Endeavour. *Em órbita, as espaçonaves alcançavam 28.163km/h, e seus compartimentos de carga podiam abrigar um ônibus de excursão inteiro e lotado, enquanto seus orbitadores sem motor garantiam o deslizamento numa pista de pouso com a graça de um pelicano planando na água. Apesar da perda de duas naves e suas tripulações – a* Challenger *em 1986 e a* Columbia *em 2003 –, os ônibus foram cruciais para a construção da Estação Espacial Internacional e para estender a vida do telescópio espacial Hubble. Suas tripulações realizaram em órbita pesquisas importantes.*

O centésimo lançamento de um ônibus espacial

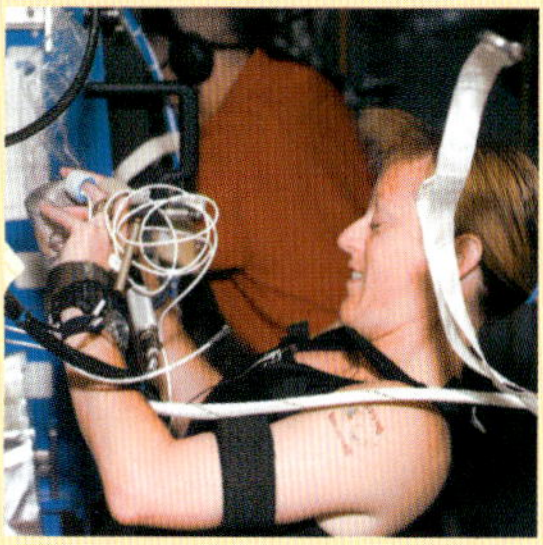

Investigações no Espaço

Os tripulantes dos ônibus espaciais podem realizar inúmeros experimentos. Aqui, a especialista Kathryn P. Hire pesquisa a qualidade do sono no Neurolab, a bordo do *Columbia* (20 de abril de 1998).

Dragon Challenge™ e Incredible Hulk Coaster®, ambas nas Islands of Adventure

TOP 10 Brinquedos Radicais

1 Splash Mountain®

Prepare-se para ficar ensopado. No verão, esta é uma diversão refrescante; em qualquer outra época do ano, é melhor só assistir do alto da ponte entre Frontierland® e Adventureland®. Mesmo aqui, um lugar relativamente seguro, você pode sair respingado *(p. 8, Magic Kingdom®)*.

2 Twilight Zone Tower of Terror™

Tome um elevador fantasma para entrar na Twilight Zone do Hollywood Tower Hotel. Diz a lenda que, em 1939, cinco passageiros desapareceram durante uma tempestade e nunca mais foram vistos. Não serve para crianças pequenas *(p. 16, Disney's Hollywood Studios®)*.

Dr. Doom's Fearfall

3 Rock 'n' Roller Coaster®

Neste brinquedo, você se sente em um jato de combate. Não bastasse a velocidade estonteante, os 24 passageiros desta "máquina" são cercados por 120 alto-falantes que berram sucessos do Aerosmith a níveis de decibéis de derreter os miolos *(p. 16, Disney's Hollywood Studios®)*.

4 Incredible Hulk Coaster®

É a última palavra em inversões: nesta montanha-russa que faz círculos verticais você fica completamente de cabeça para baixo. Os objetos pessoais, se não estiverem bem guardados, caem dos bolsos na rede que está embaixo *(p. 20, Islands of Adventure®)*.

5 Dueling Dragons®

O carro sobe a uma altura de 12,5 andares e, quando você se dá conta, já é tarde demais para desistir. Para aumentar a adrenalina, tente ocupar um dos dois bancos externos nas primeiras oito fileiras de cada dragão. A força centrífuga roubará uma parte da sua coragem *(p. 21, Islands of Adventure®)*.

6 The Amazing Adventures of Spider-Man®

Tem tecnologia mais avançada que o Back to the Future, da Universal Studios, mas é menos arrepiante que as montanhas-russas Dragon e Hulk. Ainda assim, não é para quem sofre do coração ou sente náuseas. Separe-se do grupo e entre na fila das pessoas desacompanhadas, que anda mais rápido *(p. 20, Islands of Adventure®)*.

Kraken®, SeaWorld®

Nem todos os brinquedos mais radicais são adequados para crianças pequenas

7 Doctor Doom's Fearfall®
Neste brinquedo, a sensação é de cair em queda livre, sentado em uma sela de metal. Quando suas pernas ficam soltas no ar e você começa a balançar, provavelmente já estará gritando a plenos pulmões *(p. 20, Islands of Adventure®)*.

8 Hollywood Rip Ride Rockit®
Nesta montanha-russa, a mais alta (51m) e uma das mais rápidas (105km/h) de Orlando, você pode escolher uma trilha sonora e comprar uma gravação do seu passeio para editar depois com a música que escolheu *(p. 25, Universal Studios®)*.

9 Kraken®
É pura velocidade quando o Poseidon desembesta e, sem aviso prévio, o carro com 32 passagei-ros sobe a uma altura de 46m e mergulha a 105km/h! Se você sobreviver, ficará sete vezes de ponta-cabeça ao longo de 1.273m. Serão os 3 minutos e 39 segundos mais longos de sua vida *(p. 28, SeaWorld®)*.

10 Summit Plummet
Nenhum outro brinquedo do parque aquático compara-se a esta queda de 36m, parte no escuro. O trajeto começa devagar e termina em queda quase vertical a 96km/h. Não é para quem sofre do coração, nem para quem tem menos de 1,22m *(p. 89, Blizzard Beach)*.

Brinquedos Radicais para Crianças

1 Peter Pan's Flight
Voe sobre Londres e sobre a Terra do Nunca na companhia de Peter e dos Meninos Perdidos *(p. 8)*.

2 Prince Charming Regal Carousel
Um brinquedo centenário com um envolvente tema de conto de fadas *(p. 9)*.

3 The Many Adventures of Winnie the Pooh
Pooh gerou protestos quando substituiu o Mr. Toad's Wild Ride em 1999, mas desde então já ganhou muitos adeptos *(p. 9)*.

4 The Magic Carpets of Aladdin
Um passeio tranquilo para todas as idades a bordo de um tapete voador. *(p. 9)*.

5 Flight of the Hippogriff™
Assim como Barnstormer e Woody's Nuthouse, esta montanha-russa é explosiva *(p. 21)*.

6 Pteranodon Flyers®
Embora proporcione uma aventura aérea deliciosa, alguns podem passar mal *(p. 20)*.

7 The Cat in the Hat™
Um túnel vertiginoso de 7m que deixa a cabeça e o estômago girando *(p. 20)*.

8 Caro-Seuss-El™
Este carrossel tem personagens seussianos *(p. 21)*.

9 E.T. Adventure®
Provavelmente você pegará fila para pedalar de bicicleta por cenários e personagens fantásticos *(p. 26)*.

10 Woody Woodpecker's Nuthouse Coaster®
As reviravoltas desta minimontanha-russa são absolutamente emocionantes *(p. 26)*.

Veja mais sobre as exigências de altura mínima na **p. 139**

Titanic – The Experience; Ripley's Believe It or Not! Odditorium

TOP 10 Outras Atrações

1 Gatorland®

Este parque é habitado por cerca de 800 aligatores desconfiados, que tentam seduzir suas companheiras e, às vezes, fazem graça. Eles não se sentam nem nada, porém saltam para pegar comida – a carne de galinha crua que um treinador muito corajoso fica balançando acima deles. O parque tem ainda 200 crocodilos, serpentes e outros répteis, além de um divertido parque aquático, o Gator Gully Splash *(p. 107)*.

2 The Holy Land Experience

Esta atração reproduz a antiga Jerusalém, com réplicas do túmulo de Jesus, do templo e das cavernas onde os pergaminhos do Mar Morto foram encontrados. Evidentemente, é um "culto centrado em Jesus Cristo", mas quem é de outra religião também vai gostar das representações de cenas e histórias bíblicas. Entre outros, o café serve o "hambúrguer Golias" *(p. 98)*.

3 Ripley's Believe It or Not®! Odditorium

A divertida arquitetura deste prédio dá a impressão de que ele está desmoronando. Uma vez lá dentro, as crianças recuarão – e os adultos elogiarão – diante das aberrações humanas e animais. Como assim, gato com duas cabeças? Um filme mostra pessoas engolindo cabides, lâmpadas e muito mais. O museu é repleto de coisas estranhas, como uma torrada com formato da Mona Lisa *(p. 98)*.

4 Titanic – The Experience

Leonardo DiCaprio parece estar presente nesta impressionante recriação do acidente do Titanic. As visitas guiadas por atores nos papéis da tripulação e dos passageiros dão vida às exibições. Entre as 200 peças exibidas, os coletes salva-vidas recolhidos no navio são os que mais impressionam *(p. 99)*.

5 Fun Spot America

Você adora velocidade? As emocionantes pistas de kart do Fun Spot e a imensa roda-gigante foram especialmente projetadas para quem gosta de sentir correr a adrenalina. Duas montanhas-russas gigantes e o maior SkyCoaster do mundo são atrações adicionais *(p. 97)*.

Gatorland®

6 iFLY Orlando

Este túnel de vento vertical é para aqueles que sonham saltar de paraquedas, mas não ousam pôr os pés fora do avião. Mais de 100 mil visitantes por ano saltam no vazio sem jamais terem se aproximado de um paraquedas. Há algumas restrições de peso e é preciso ter mais que três anos de idade, mas não se exige experiência. A atração inclui aula, equipamento e dois saltos de um minuto, o suficiente para satisfazer qualquer estreante.

6805 Visitors Circle • 800-759-3861 • Mapa T2 • Aberto 10h-21h30 diariam • Entr. paga • www.iflyorlando.com

iFLY Orlando

7 A World of Orchids

Muitas orquídeas das mais variadas formas e cores são exibidas nesta estufa, que contém mais de mil espécies. Caminhos verdejantes, regatos límpidos e um papagaio grasnando aqui e ali criam um oásis em meio ao intenso movimento dos parques temáticos *(p. 107)*.

8 WonderWorks

Sobram engenhocas neste prédio, que, tal como o Ripley's, afunda no chão. No entanto, o telhado foi primeiro. No interior da construção, jogos eletrônicos educativos e científicos. Há mais de 85 atividades interativas, como terremoto ou voo virtual de asa-delta, para testar seus reflexos. A batalha de laser é também muito divertida *(p. 99)*.

9 Reptile World Serpentarium

Nesta atração diferente e bastante educativa você assistirá a um especialista extraindo o veneno de víboras mortais. Trata-se da maior coleção de grandes répteis de todo o estado da Flórida *(p. 108)*.

10 Winter Park Scenic Boat Tour

Passeio de uma hora numa balsa pelos três lagos do Winter Park. Os amantes da natureza verão águias-pescadoras, garças e outras aves. Os menos naturalistas apreciarão as grandes mansões à beira do lago, às vezes tão próximas que dá para espiar pela janela. A arquitetura do Rollins College e a paz destes canais são uma excelente alternativa para a agitação *(p. 119)*.

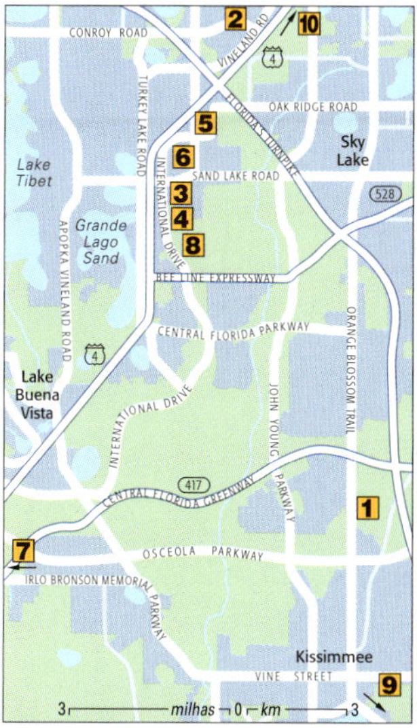

Pedalinhos, Lake Eola; CityWalk®

TOP 10 Onde se Divertir Sem Gastar Muito

1 The Peabody Ducks

Tudo começou em 1930, quando caçadores embriagados voltaram da caçada e se divertiram deixando os patos vivos no chafariz do lobby do Peabody Hotel. Desde então os descendentes desses patos são celebridades. Eles chegam pelo elevador às 11h e são recolhidos às 17h. *9801 International Dr • Mapa T4 • 407-352-4000 • Grátis • www.peabodyorlando.com*

2 HOB Blues Bar

A intimista House of Blues é uma das melhores salas para ouvir artistas famosos *(p. 74)*. No palco HOB Blues Bar, ao lado, também se apresentam pequenas bandas de blues, excelentes e pouco conhecidas. Quem vai jantar tem preferência para as mesas de pista. *Downtown Disney Westside • Mapa G2 • 407-934-2583 • Aberto 11h-23h30 dom-qua (até 1h30 sex-sáb) • Grátis*

The Peabody Ducks

3 Silver Spurs Rodeo

Localizada no Osceola Heritage Park, a Silver Spurs Arena acomoda 8.300 pessoas. O primeiro Silver Spurs Rodeo foi organizado em 1944 pelo Silver Spurs Riding Club para promover as habilidades de montaria. As modalidades do rodeio incluem montaria em pelo e com sela, corrida com barris, montaria de touro, laço em dupla e laçada. É o rodeio mais antigo na região de Kissimmee-St.Cloud *(p. 109)*.

4 Downtown Disney

Em reforma até 2016, a área da Downtown Disney® está mudando de marca para Disney Springs. Vai reabrir com uma nova galeria de compras de vários andares, novos restaurantes e o centro de boliche Splitsville, além das atrações já existentes. As crianças adoram particularmente as estações de trabalho ao ar livre do LEGO® Imagination Center *(p. 92)*, onde podem construir praticamente tudo.

5 Disney's BoardWalk

Recriação de um balneário litorâneo dos anos 1940, este Calçadão da Disney oferece muitas atrações aos visitantes, com artistas de rua, bons restaurantes e bares e um passeio de táxi aquático até o portão traseiro do Epcot®. Ótimo lugar para ir à noite ver os fogos de artifício da Disney de graça. O ESPN Club é ideal para assistir a uma partida de qualquer esporte em telas de TV gigantes *(p. 93)*.

6 Center for Birds of Prey

Criado pela Florida Audubon Society, e afastado do circuito turístico, este centro de aves de rapina tem como função resgatar e reabilitar aves feridas e órfãs. As que não são devolvidas à natureza ajudam a instruir o público sobre a importância da preservação. O centro recebe doações para manter a equipe de especialistas e permite aproximar-se de aves como águias e urubus *(p. 120)*.

Silver Spurs Rodeo

7 Universal's CityWalk® e Portofino Bay Boat Ride

De dia, as pessoas passam pelos restaurantes e lojas desta área a caminho dos Universal Studios® e das Islands of Adventure *(pp. 20-7)*. À noite, CityWalk® transforma-se num destino iluminado, uma Downtown com diversão ao ar livre e pessoas animadas, que rivaliza com Disney's BoardWalk®. Para um programa mais tranquilo de 15 minutos, faça um passeio de barco gratuito (até 2h da madrugada) entre CityWalk® e o Portofino Bay Hotel *(p. 142)*. Em noites enluaradas, a falsa fachada italiana do Portofino fica ainda mais imponente. ✎ *Mapa T1*

8 Pedalinhos no Lake Eola

Escondido em meio ao cintilante horizonte de Downtown Orlando, o Lake Eola Park é um verdadeiro oásis urbano *(p. 52)*. Quem prefere algo mais tranquilo (e barato) para se afastar da multidão pode alugar um "cisne" (pedalinho) para dois e passear pelo lago *(p. 114)*.

9 Fort Wilderness Petting Farm

Alugue um pônei (por um pequeno valor) para as crianças montarem ou deixe que elas se aproximem de jumentos, cabras e outros animais de criação. Elas vão adorar este pequeno parque.
✎ *Walt Disney World • Mapa F2 • 407-824-2900 • Aberto 8h-17h30 diariam • Grátis*

10 Orlando Speedworld Speedway

Nesta pista a 30km (17 milhas) de Orlando, oito categorias de stock cars modificados correm semanalmente. As corridas mais divertidas são as destrutivas Schoolbus Demolition Derbys e Boat and Trailer Races. O preço depende da corrida, mas é sempre baixo.
✎ *Highway 50 (no atalho 520 Cocoa), Bithlo • Mapa F1 • 407-568-1367 • Aberto abr-nov: sex 20h • Entr. paga • www.orlandospeedworld.org*

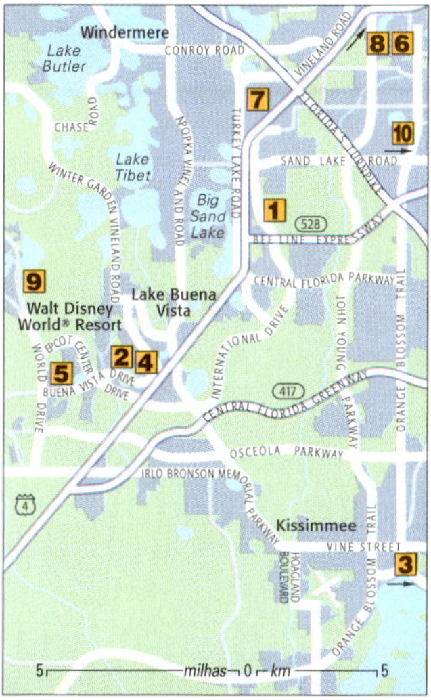

Veja mais sobre os brinquedos baratos na **p. 133**

Wet'n Wild®; Discovery Cove

Top 10 Onde Se Refrescar

1 Wet'n Wild®

O melhor parque aquático de Orlando tem atrações e escorregadores que provocam altas descargas de adrenalina até nos mais resistentes. Mas nem tudo é ação – há áreas para as crianças e também para relaxar *(pp. 34-5)*.

2 Discovery Cove®

Quer lagartear numa praia tropical, nadar com golfinhos ou mergulhar com snorkel para observar corais? O Discovery® Cove tem tudo isso. Esta inspirada atração de Orlando (só para mil pessoas por dia) oferece serviços personalizados em resort de alto nível. O ingresso não é barato, mas inclui almoço, roupa de banho e até bloqueador solar. Se possível, faça a reserva com muita antecedência *(p. 97)*.

3 Blizzard Beach

Na dura competição pela supremacia em matéria de diversões aquáticas, o grande rival do Wet'n Wild® é este grande parque Disney. É o que uma pista de esqui seria se começasse a derreter, com escorregadores de água no lugar de descidas pelas encostas. Atração voltada para adolescentes e jovens adultos, tem sete escorregadores de água e brinquedos para adultos e crianças. Nos dias em que a lotação do parque chega ao limite cedo (o que é habitual), a entrada de visitantes é suspensa *(p. 89)*.

4 Lakefront Park

Este parque foi projetado sob medida para famílias. Inclui uma marina para 143 barcos, um playground infantil, áreas para piquenique com quiosques e grelhas, um auditório para apresentações e eventos especiais, trilhas, uma praia de areia fofa, quadras de vôlei de praia e playground com fontes ornamentais com vista para o East Lake Tohopekaliga *(p. 108)*.

Lakefront Park

5 Typhoon Lagoon

Este parque aquático Disney conta com escorregadores, boias e a maior piscina de ondas dos EUA. Por não ter brinquedos radicais, é perfeito para pré-adolescentes. Um dos seus maiores sucessos é o Shark Reef, curta excursão submarina com snorkel sobre recifes de corais com peixes tropicais e tubarões. Os surfistas de Wannabe *(p. 57)* podem pagar uma taxa extra para usar a piscina de ondas fora do expediente normal *(p. 89)*.

6 Orlando Dive & Snorkel Tours

Mergulhe nas nascentes e rios mais cristalinos da Flórida, com 61m de visibilidade e grande variedade de animais aquáticos.

Veja mais sobre esportes e atividades ao ar livre nas **pp. 56-7**

Nade ao lado de peixes-bois, tartarugas e peixes, ou visite a caverna submarina a 30m de profundidade. Aluga equipamento e oferece transporte e aulas. *13800 S.R. 535 • Mapa G3 • 407-466-1668 • Aberto diariam • www.diveorlando.com*

7 Sammy Duvall's Watersports Centers

Estes centros no Disney World foram criados pelo tetracampeão mundial de esqui aquático Sammy Duvall. O Contemporary Resort oferece parasailing, esqui aquático, wakeboarding, kneeboarding e boias. Há barcos com capitão disponíveis para aluguel e aulas de navegação. O curso de slalom destina-se a esquiadores mais experientes. Você pode alugar ou trazer o seu próprio equipamento. *Mapa F1 & G2 • 407-939-0754 • Aberto 10h-17h diariam (inverno); 8h-18h diariam (verão) • Entr. paga • www.sammyduvall.com*

8 Buena Vista Watersports

Esta agradável instalação oferece aulas de esqui aquático, tira licença para esquiar e praticar wakeboard e aluga jet-skies e seadoos. O centro, à beira do lago Bryan, recebe iniciantes e aceita crianças a partir de três anos. Se preferir, você pode usar apenas a praia para jogar vôlei ou fazer um piquenique. *13245 Lake Bryan Rd • Mapa G3 • 407-239-6939 • Aberto 9h30-18h diariam (se não chover) • Entr. paga • www.BVwatersports.com*

9 Aquatica®

Neste parque aquático único do SeaWorld® você nada com, sob e através da vida marinha, desliza por tobogãs e tubos de alta velocidade, participa de corridas de esteira, nada em

Jet-esquiadores, Buena Vista Watersports

piscinas de ondas gigantes e faz o Dolphin Plunge, deslizando por tobogãs fechados até mergulhar numa piscina de golfinhos. *5800 Water Play Way • Mapa U5 • 888-800-5447 • Horários de funcionamento variam conforme a época do ano • Entr. paga • www.aquaticabyseaworld.com*

10 Makinson Aquatic Center

Centro no extremo leste de Kissimmee com três piscinas: uma para saltos, outra para crianças e a outra com escorregador. É ideal para famílias com crianças pequenas, que poderiam se machucar nos parques aquáticos (e o ingresso é mais barato). *2204 Denn John Lane • Mapa H4 • 407-870-7665 • Aberto ter-dom mar-set (os horários variam) • Entr. paga • www.kissimmeeparksandrec.org*

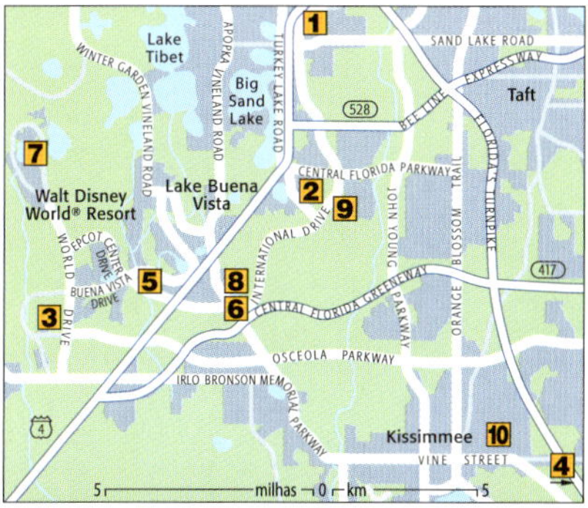

Nas páginas seguintes, **Discovery Cove**

Canaveral National Seashore; Turkey Lake Park

TOP 10 Parques e Reservas

1 Canaveral National Seashore e Merritt Island National Wildlife Refuge

Estas reservas federais ao redor do Kennedy Space Center abrigam muitas espécies, como tartarugas marinhas, peixes-bois, golfinhos, aligatores, águias-carecas e águias-pescadoras. Explore as praias de Canaveral (a Playalinda é para nudistas), as trilhas de Merritt Island, os roteiros para viagens de carro e as plataformas de observação *(pp. 36-7)*. *Titusville • Mapa complementar • Praia: aberta 6h-18h diariam; reserva: aberta 9h-17h diariam • Entr. paga (praia), grátis (reserva) • www.nps.gov/cana*

Lake Eola Park

2 Lake Eola Park

Queime calorias na trilha de 1,4km em volta do lago. Há outras atividades menos aeróbicas, como alimentar as aves e atravessar o lago Eola em "cisnes" de aluguel *(p. 47)*. Este parque municipal de 17ha exibe o UCF-Shakespeare Festival *(p. 64)*, a queima de fogos no Quatro de Julho. O mercado de produtos agrícolas de Orlando é realizado aqui aos domingos *(p. 114)*.

3 Wekiwa Springs State Park

Estas nascentes são férteis habitats para espécies como o veado-de-rabo-branco, raposas prateadas, linces, guaxinins e ursos pretos. São também as melhores da Flórida central para remar. Além disso, disponibiliza aluguel de canoas, quadra de vôlei e áreas para piquenique, churrasco e camping. *1800 Wekiwa Circle, Apopka • Mapa A3 • 407-884-2008 • www.floridastateparks.org/wekiwasprings • Aberto 8h-anoitecer • Entr. paga*

4 Lake Louisa State Park

Você pode pescar, nadar e remar, mas com equipamento próprio. Na margem, há uma casa de banhos com duchas e área para piqueniques. Veados-de-rabo-branco, perus silvestres, coelhos-do-brejo, cangambás e guaxinins são vistos com frequência, e não se assuste quando um gambá cruzar o seu caminho. *State Park Dr., Clermont • Mapa complementar • 352-394-3969 • www.floridastateparks.org/lakelouisa • Aberto 8h-anoitecer • Entr. paga*

5 Lake Kissimmee State Park

Este parque é uma das melhores áreas do estado para observar aves. Você verá águias-carecas, gaviões-caramujeiros e grous saltitantes. Entre os mamíferos, há lontras, gamos e esquilos. Nos fins de semana, é recriado um curral de gado de 1876. *Camp Mack Rd, Lake Wales • Mapa complementar • 863-696-1112 • www.floridastateparks.org/lakekissimmee • Aberto 7h-anoitecer • Entr. paga*

6 Bill Frederick Park at Turkey Lake

Diferente das instalações espartanas dos parques estaduais, este parque de 120ha tem piscina, instalações para piquenique, lago de peixes, trilhas, três playgrounds e um zoológico de filhotes de animais de criação. E um camping para quem quer um contato mais próximo com a natureza. ⓢ *3401 S. Hiawassee Rd. • Mapa D3 • 407-246-4486 • Aberto 8h-17h diariam (até 19h abr-out) • Entr. paga*

7 Big Tree Park

Aqui, a grande atração é o Senator, um cipreste com 3.500 anos de idade, testemunha silenciosa da fertilidade dos pântanos da região. Seu tronco tem 5m de diâmetro, 14m de circunferência e 38m de altura. O parque conta com mesas para piqueniques e uma passarela que atravessa o pântano de ciprestes. ⓢ *General Hutchison Pkwy, Longwood • Mapa complementar • 407-665-2001 • Aberto 8h-anoitecer • Grátis*

8 Tosohatchee State Reserve

Os pântanos e a vegetação de plantas nativas ao longo dos 30km percorridos pelo rio St. John fazem deste parque um dos mais bonitos e preservados do centro da Flórida. Há recantos com orquídeas e outras flores. Faisões, águias, esquilos e aves canoras podem ser vistos nas trilhas que cortam o parque. ⓢ *Christmas, 29km (18 milhas) a NE de Orlando • Mapa complementar • 407-568-5893 • Aberto 8h-anoitecer • Entr. paga*

Wekiwa Springs State Park

9 Wheatley Park

É mais um oásis urbano do que um refúgio rural. O lazer é proporcionado pelas quadras de basquete, de tênis e vôlei de areia, e há áreas de piquenique com grelha para churrasco. As crianças vão adorar o excelente playground. ⓢ *445 W. 18th & Central Ave, Apopka • Mapa complementar • 407-886-1441 • Aberto amanhecer-anoitecer • Grátis*

10 Ralph V. Chisholm Park

Este parque, à beira do East Lake Tohopekaliga, tem praias, áreas de natação, trilhas para andar a cavalo, playground para crianças, campos de softball e beisebol, quadras de vôlei de areia e áreas para piquenique. Traga seu equipamento, a comida e a bebida. ⓢ *4700 Chisholm Park Trail, St. Cloud • Mapa complementar • 407-343-7173 • Aberto amanhecer-anoitecer • Grátis*

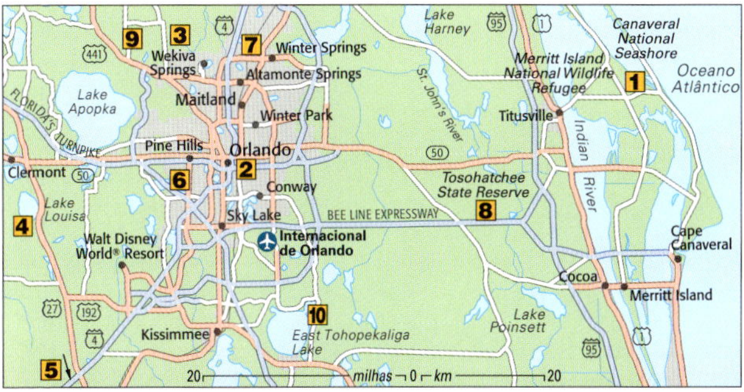

Veja mais sobre os outros passeios de um dia nas **pp. 82-5**

Clubhouse, Champions Gate; Falcon's Fire

TOP 10 Campos de Golfe

1 Disney's Osprey Ridge

Considerado o mais difícil dos campos de golfe de dezoito buracos da Disney, o Osprey Ridge, projetado por Tom Fazio, tem mata nativa, *tees* elevados, gramados amplos, nove buracos de água e mais de 70 obstáculos. A *Golf Digest's* considera este campo e resort público um dos melhores da Flórida (6.493m; classificação USGA: 74,4.) *Golf View Dr • Mapa F2 • 407-938-4653 • www.disneyworld.com*

2 Grand Cypress Golf Club

Jack Nicklaus desenhou este importante campo de 45 buracos; o New Camp foi inspirado no Old Camp de St. Andrews, da Escócia. O clube é semiprivado, mas tem horários públicos. (6.315m; classificação USGA: 74,4.) *1 N. Jacaranda • Mapa F2 • 407-239-4700 • www.grandcypress.com*

3 Waldorf Astoria Golf Club

Rees Jones projetou este desafiador campo de dezoito buracos de modo a acompanhar o contorno de um pântano preservado. Bosques de pinheiros e ciprestes alinham-se pelos caminhos entre os buracos, e um sistema de reservas de cinco-tees acomoda jogadores de todos os níveis (6.500m; classificação USGA: 74.6.) *14200 Bonnet Creek Resort Ln • Mapa G2 • 407-597-5500 • www.waldorfastoriaorlando.com*

4 Disney's Magnolia

Este campo tem vastas áreas planas que permitem dar tacadas fortes. Mas não se iluda: 11 dos 18 buracos têm água e há 97 obtáculos com areia no campo, muitos deles ávidos para engolir definitivamente suas bolas. Uma etapa do PGA's Funai Golf Classic *(p. 57)* é disputada aqui. (6.574m; classificação USGA: 73,9.) *Palm Dr • Mapa F1 • 407-938-4653 • Oferece aulas • www.disneyworld.com*

5 Celebration Golf Club

A dupla Robert Trent Jones, pai e filho, criou um campo em brejos naturais com água em 17 dos 18 buracos. Portanto, traga muitas bolas. Há um outro campo com três buracos para crianças de 5 a 9 anos. (6.205m; classificação USGA: 73.) *701 Golf Park Dr • Mapa G2 • 407-566-4653 • Oferece aulas • www.celebrationgolf.com*

Villas do Grand Cypress

6 Champions Gate

Greg Norman projetou dois campos de dezoito buracos (o Nacional

Faça reserva em um dos 40 campos de golfe de Orlando ligando para Tee Times USA 800-465-3356 ou Florida Golfing 866-833-2663

e o Internacional) nesta comunidade à beira-mar a sudoeste da Disney, com mata, brejos e gramados. Ambos possuem treze buracos com água e dividem o gramado no 4º e no 16º buracos. (6.445m e 6.773m, respectivamente; classificação USGA: 75,1 e 76,3.) *1400 Masters Blvd • Mapa H1 • 407-787-4653 • Oferece aulas • www.championsgategolf.com*

Campo de golfe de Orlando

7 Orange County National – Panther Lake

Alguns pontos deste campo de dezoito buracos têm diferenças de até 18m no relevo, mas ele é considerado um dos melhores pela Golf Digest's. Também é bem classificado nos quesitos condições do campo e ritmo de jogo. O campo é cercado por mata e tem treze buracos nos lagos e brejos. (6.670m; classificação USGA: 75,7.) *16301 Phil Ritson Way • Mapa E1 • 407-656-2626 • Oferece aulas • www.ocngolf.com*

8 Disney's Palm

Este bonito campo é cercado de vegetação. Metade dos buracos tem água, e os 94 obstáculos são uma dor de cabeça no que se refere às bolas perdidas. O 18º buraco é considerado um dos mais difíceis do PGA Tour. (6.391m; classificação USGA: 73.) *Palm Dr • Mapa F1 • 407-939-4653 • Oferece aulas • www.disneyworld.com*

9 Disney's Lake Buena Vista

Este campo compacto tem áreas planas com gramado e obstáculos, mas é um desafio para os golfistas devido à densa floresta de pinheiros. Sua característica mais rara é ter área verde no sétimo buraco. Eternamente classificado com um dos Top 20 da Flórida pela Golfweek. (6.325m; classificação USGA: 72,7.) *Buena Vista Dr • Mapa F2 • 407-938-4653 • www.disneyworld.com*

10 Falcon's Fire

Tem apenas três buracos na água, mas os nove primeiros podem convencê-lo a baixar a guarda; em sete dos nove buracos você pode perder a bola em um dos dois lagos. Este campo de Rees Jones foi inaugurado em 1993 e hospeda a escola classificatória do Senior PGA Tour. (6.310m; classificação USGA: 72,5.) *(p. 110)*.

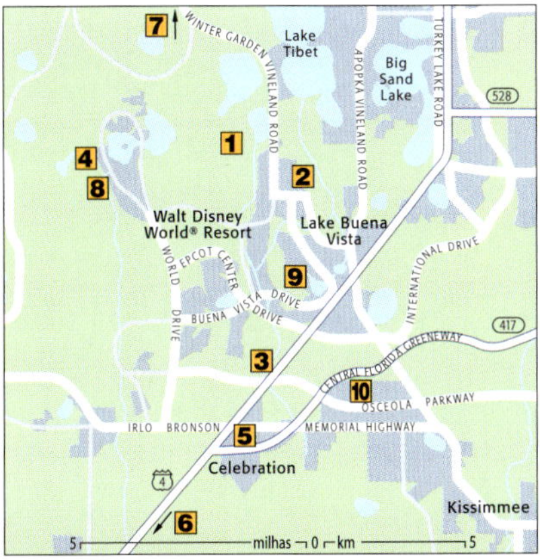

Os campos de golfe de Orlando ficam abertos de manhã até de noite, o ano inteiro

Jogo de tênis, Grand Cypress Raquet Club; Pedalando por belas trilhas

TOP 10 Esportes e Atividades ao Ar Livre

1 Passeios a Cavalo

O Tri-Circle-D Ranch, no Resort Fort Wilderness da Disney, oferece passeios guiados de 45 minutos, a cavalo ou de carroça, por região de bosques. Crianças menores podem visitar os estábulos e fazer passeios de pônei. ⓢ *Walt Disney World • Mapa F2 • 407-824-2900 • Aberto 8h30-16h diariam • Entr. paga • www.disneyworld.com*

Tri-Circle-D Ranch, Fort Wilderness

2 Tênis

O Disney's Contemporary Resort tem seis quadras com irrigação subterrânea e o Grand Floridian Resort & Spa, duas quadras de saibro. O vizinho Grand Cypress Raquet Club tem doze quadras, quatro delas externas. ⓢ *Disney • Mapa F1 • 407-939-7529 • Aberto 9h-22h diariam • Entr. paga* ⓢ *Grand Cypress • 1 N. Jacaranda • Mapa F2 • 407-621-1991 • Aberto 8h-17h diariam • Entr. paga*

3 Ciclismo

Saia pedalando pelas trilhas da Disney. Alugue bicicletas normais, de marcha ou para crianças no Bike Barn do Fort Wilderness Resort. Há também bicicletas com selins e infantis com rodinhas. ⓢ *Walt Disney World • Mapa F2 • 407-824-2900 • Aberto pelo menos 9h-17h diariam • Entr. paga*

4 NFL Experience

Não importa se você nunca chutou uma bola na vida. No Disney's Wide World of Sports você pode se sentir o melhor jogador do mundo e participar de um programa que irá torná-lo um astro do futebol americano – mas sem hematomas e machucados. ⓢ *Walt Disney World • Mapa G2 • 407-828-3267 • Aberto 9h30-17h diariam • Entr. paga*

5 Natação

A maioria dos hotéis de Orlando tem piscina, mas, para mudar de ambiente e nadar distâncias maiores, vá a um centro aquático *(p. 49)*.

6 Canoagem

Os lagos artificiais do Walt Disney World são ideais para velejar sem rumo num final de tarde. Vários resorts alugam lanchas e balsas. Há também barcos a remo para quem prefere um exercício mais vigoroso. ⓢ *Mapa F1-G2 • Aberto pelo menos 9h-17h diariam • Entr. paga*

7 Esportes Aquáticos

Teste suas pernas sobre os esquis nos Water Sports Centers de Sammy Duvall's (que também tem *parasailing* e *wakeboard*). O Buena Vista Watersports (que também aluga barcos) é outra opção *(p. 49)*.

8 Surfe

Em Orlando? Pode apostar que sim. Segundo alguns surfistas que costumam utilizar o parque depois que ele fecha, a Disney's Typhoon Lagoon *(p. 48)* tem ondas radicais. Entretanto, não é preciso ser profissional para experimentá-las. A Carroll's Cocoa Beach Surfing School dá aulas para iniciantes duas vezes por semana. *Walt Disney World • Mapa G2 • 407-939-7873 • Aberto 6h45-9h30 ter e sex • Entr. paga*

9 Pesca

Garanta o seu jantar (e uma boa história de pescador) no Pro Bass Guide Service, um fornecedor de equipamentos de Winter Garden especializado em pesca com vara. Além de programar pescarias locais e regionais nos mais pitorescos rios e lagos da Flórida central (também providencia a caminhonete), organiza expedições de pesca em alto-mar. *407-877-9676 • Aberto diariam • Entr. paga • www.probassguideservice.com*

Pesca em rio, Flórida central

10 Caminho do Feno

Quem quer um programa diferente ao ar livre pode fazer este passeio de 45 minutos em uma carroça de feno no Disney's Fort Wilderness Resort, com muita cantoria e dança da época no final do dia. É um dos acampamentos mais populares da Disney. *Walt Disney World • Mapa G2 • 407-824-2900 • diariam nos fins de tarde • Entr. paga*

Eventos Esportivos

1 Florida Citrus Bowl
Amistosos de futebol são disputados todos os anos pelos times classificados em segundo lugar nos campeonatos Southeastern e Big Ten; começam com uma grande parada. *407-849-2020 • 1º jan*

2 Walt Disney World Marathon
Maratona de 42,6km disputada por corredores de todo o mundo. *407-824-4321 • Início jan • www.disneyworld.com*

3 Speedweeks
Duas semanas de ação sobre quatro rodas em Daytona Beach, terminando com o Daytona 500. *866-761-7223 • Início fev*

4 Silver Spurs Rodeo
Rodeios semestrais em Kissimmee. *407-677-6336 • Out • www.silverspursrodeo.com*

5 Arnold Palmer Invitational
As atrações são a lenda do golfe Arnold Palmer e outros grandes jogadores. *407-876-2888 • Mar*

6 Atlanta Braves Spring Training
Veja o time de beisebol Braves treinar. *407-939-7712 • Mar • www.braves.com*

7 Orlando Predators
Torça pelo time de futebol local. *407-648-4444 • Abr-ago*

8 Orlando Rays
Assista ao time local da liga menor de beisebol. *407-939-4263 • Abr-set*

9 Orlando Magic
Se chegar na temporada, assista a um jogo do time da NBA. *407-440-7000 • Out-abr • www.probassguideservice.com*

10 Children's Miracle Network Classic
A Disney sedia torneios profissionais numa semana de eventos de golfe. *407-939-4653 • Meados out*

Veja mais sobre os outros eventos na área de Orlando nas **pp. 64-5**

Spa do Renaissance Orlando Resort; Massageworks Salon & Day Spa

TOP 10 Spas

1 Spa do Buena Vista Palace

Não muito distante dos parques da Disney, o Buena Vista Palace oferece uma experiência quase transcendental. O spa completo em estilo europeu tem vários tipos de massagem e tratamentos corporais (máscaras de lama, wraps e esfoliações), faciais e hidroterápicos. Conta com salas de vapor, saunas e ginásio. *1900 Buena Vista Dr • Mapa G2 • 407-827-2727 • Em geral, aberto 9h-18h diariam*

2 Mandara Spa at the Portofino Bay Hotel

O resort da Universal tem ginásio top de linha e spa completo (massagens, sauna, tratamentos faciais, sala de tratamentos para casais e muito mais). Os hóspedes podem receber massagens no quarto. *5601*
5601 Universal Blvd • Mapa T1 • 407-503-1000 • Aberto 9h-18h diariam

3 Grand Floridian Senses Spa & Health Club

Neste resort em estilo vitoriano da Disney, o spa oferece uma variedade de tratamentos que inclui hidroterapia, massagens, aromaterapia, bandagens corporais e máscaras. Tem salas de tratamento para casais e ginásio bem equipado. O Grand Floridian também conta com nutricionistas e fisioterapeutas. *4401 Floridian Way • Mapa F1 • 407-824-2332 • Aberto 8h-20h diariam*

4 Relâche Spa at Gaylord Palms

Este spa com todos os serviços oferece cabeleireiro e uma série de tratamentos de relaxamento, incluindo massagem aromaterápica com óleos essenciais, tratamentos faciais orgânicos de acordo com as necessidades da sua pele, manicure hidratante e pedicure esfoliante. *6000 W. Osceola Pkwy, Kissimmee • Mapa G3 • 407-586-4772 • Aberto 9h-20h diariam*

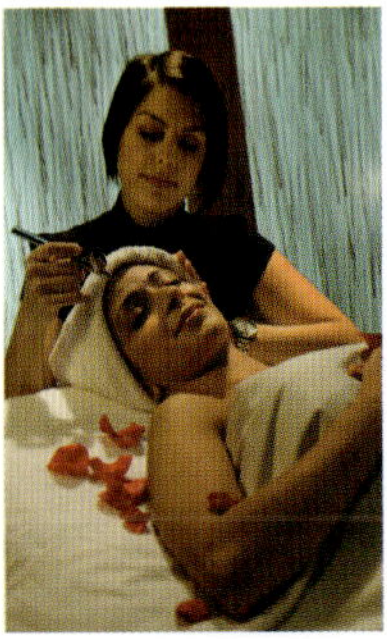

Relâche Spa

5 nèu lotus spa no Renaissance Orlando at SeaWorld®

Oferece uma linha completa de tratamentos convencionais, como massagens (sueca, profunda e reflexológica), terapias corporais (esfoliações e wraps) e tratamentos faciais, um deles de cuidados básicos com a pele para adolescentes. As massagens no quarto são mais caras. *6677 Sea Harbor Dr • Mapa T5 • 407-248-7428 • Aberto 8h-20h*

6 Disney's Saratoga Springs Resort

Este spa oferece várias massagens terapêuticas (inclusive hidromassagem), tratamentos corporais, faciais, pedicure e manicure. Você pode escolher o tratamento que preferir ou fechar pacotes de um dia: a equipe prepara programas personalizados. Exige reserva antecipada. ⊗ *1920 Magnolia Dr • Mapa G2 • 407-827-4455 • Aberto 8h-20h • www.relaxedyet.com*

7 Omni Orlando Resort at Champions Gate

Este belo resort inaugurado em 2004 tem um spa excelente, com tratamentos sofisticados e instalações luxuosas. Oferece desde aromaterapia facial até massagens esportivas aos clientes, que são cuidados durante todo o dia e descansam da agitação das multidões. ⊗ *1500 Masters Blvd, Championsgate • 407-390-6664 • www.omnihotels.com*

8 Poseidon Spa at Grand Bohemian

Situado no Four Diamond Grand Bohemian, um hotel de luxo, o Poseidon Spa faz jus à fama de alto nível do estabelecimento. Trata-se de um spa relaxante, que oferece vários tratamentos terapêuticos, incluindo os faciais, manicure, pedicure e massagem. ⊗ *325 S. Orange Ave • Mapa P3 • 407-313-9000 • Aberto 9h-18h diariam • www.grandbohemianhotel.com*

9 Massageworks Salon & Day Spa

Localizado em uma escola centenária de Kissimmee, este spa exala antiguidade. Os tratamentos incluem massagens (sueca, neuromuscular, reflexológica e esportiva); terapias (esfoliações com sais e lama-aloe); wraps (com óleo, algas e lama marinhas); e irrigação de cólon. Há instalações para sauna, branqueamento dos dentes e pequenas sestas. Além de usar a sauna, os clientes podem praticar ioga, kick-boxing e artes marciais. Oferece pacotes programados, com duração de três a seis

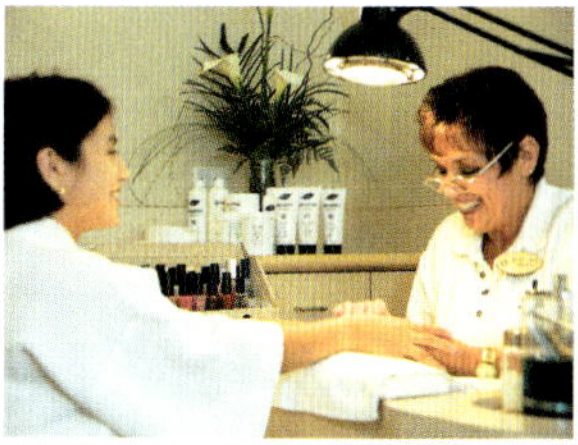

Spa do Buena Vista Palace

horas. ⊗ *216 Broadway • Mapa H4 • 407-932-0300 • Aberto 8h-19h seg-sáb • www.massageworksdayspa.com*

10 Fawn Feather Spa and Salon

Fica a 30 minutos de carro do centro de Orlando, mas você será recompensando neste delicioso refúgio. Seus serviços incluem massagens (sueca, pré-natal e aromaterápica); wraps corporais (com lama, algas marinhas e calor); e terapias faciais (europeia e antioxidante). ⊗ *120 International Pkwy • Mapa complementar • 407-333-3571 • Aberto 9h-18h ter-sex; 9h-17h sáb • www.fawnfeatherspa.comOrlando/Spa*

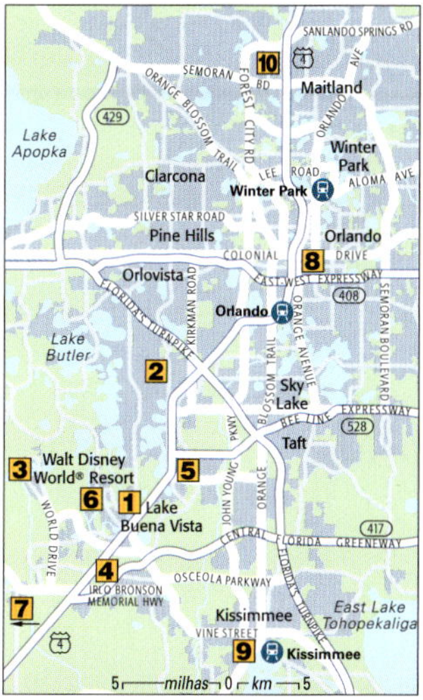

Tela do Mennello Museum of American Folk Art; Orlando Science Center

TOP 10 Museus

1 Orlando Museum of Art

Depois de passar por uma reforma milionária, em 1997, atualmente o Orlando Museum of Art (OMA) é considerado um dos principais do sudeste dos Estados Unidos. Sua excelente coleção é predominantemente de arte pré-colombiana e de artistas americanos, como Georgia O'Keefe, George Inness e Robert Rauschenberg. O Orlando Museum oferece também exposições itinerantes de grandes museus metropolitanos e outras de importância regional e local, mas fica claro que obras mais polêmicas são evitadas *(p. 113)*.

2 Orlando Science Center

Trata-se de um museu grande, que chama atenção pelas exposições interativas cujo objetivo é introduzir as crianças no maravilhoso mundo da ciência. Seus quatro andares estão divididos em dez áreas temáticas, entre as quais mecânica e matemática, saúde, condicionamento físico e lazer. Bastante didático e divertido, o Orlando Science Center constitui uma excelente alternativa aos parques temáticos espalhados pela Flórida. Não perca o CineDome, onde estão o planetário e o maior teatro do mundo, o Iwerks® *(p. 113)*.

3 Orange County Regional History Center

Como a região tem uma história relativamente recente, este museu optou por ignorar os limites geográficos. Além de expor fotos e *memorabilia* locais, recriou um parlamento vitoriano e um quartel de bombeiros de 1926, e exibe shows temporários sobre temas relacionados a outras partes da Flórida, como piratas e viagens espaciais *(p. 113)*.

4 Charles Hosmer Morse Museum of American Art

Detalhe, Charles Hosmer Morse Museum of American Art

Aqui está a coleção mais completa que existe do artista norte-americano Louis Comfort Tiffany, famoso por seus vitrais art nouveau. Os destaques do museu são uma espetacular capela Tiffany construída para a Exposição Mundial de 1893 e uma recriação da grande mansão nova-iorquina dos Tiffany *(p. 119)*.

5 Cornell Fine Arts Museum

Localizado no campus do Rollins College, o pequeno e elegante Cornell reúne a coleção de arte mais antiga da Flórida. São pinturas, esculturas e arte decorativa europeia e norte-americana, dos períodos renascentista e barroco até o

Alguns museus têm horários diferentes durante as férias escolares.

Wells' Built Museum

século XX. Entre as atrações, *Madonna e o Menino entronizados* (*c.*1480), de Cosimo Rosselli, e *Figura reclinada*, de Henry Moore (1982) *(p.119)*.

6 Mennello Museum of American Folk Art

Este pequeno museu à beira do lago abriga uma coleção diferente, com pinturas do obscuro lojista e artista popular da Flórida Earl Cunningham (1893-1977). Além dessas obras, também faz exposições temporárias de outros artistas "alternativos" *(p.113)*.

7 Wells' Built Museum of African American History & Culture

Dr. William Monroe Wells, o primeiro médico negro de Orlando, financiou a construção do Wells' Built Hotel em 1912 para hospedar artistas negros. O prédio foi transformado no museu das comunidades afro-americanas de Orlando em 1999.

511 W South St • Mapa P3 • 407-245-7535 • Aberto 9h-17h seg-sex, sáb 10h-14h • www.pastinc.org

8 Albin Polasek Museum and Sculpture Gardens

O escultor tcheco naturalizado norte-americano Polasek (1879-1965) especializou-se em técnica figurativa europeia. Aposentado, mudou-se para uma casa-estúdio que ele próprio construiu, onde morou e trabalhou até morrer. Os jardins são repletos de esculturas e as galerias no interior da casa têm trabalhos de outros artistas *(p.119)*.

9 Zora Neale Hurston National Museum of Fine Arts

Eatonville, o primeiro município negro incorporado aos EUA, foi a terra natal de Zora Neale Hurston (1903-60), escritora, antropóloga e folclorista. O museu é modesto e as exibições se concentram em Hurston e na Eatonville do passado *(p. 120)*.

10 Maitland Historical & Telephone Museums

O primeiro enfoca os artefatos, tecidos e fotos dos pioneiros de Maitland até a fase áurea da indústria de cítricos e das serrarias. Já o Telephone Museum, no mesmo prédio, mostra aparelhos antigos e *memorabilia*.

221 W. Packwood Ave • Mapa J4 • 407-644-2451 • Aberto 12h-16h ter-dom • Grátis (aceita doação) • www.maitlandhistory.org

Orlando PhilharmoniC; The Orlando Shakespeare Theater

TOP 10 Espaços Culturais e Grupos Artísticos

1 Orlando Shakespeare Theater

Esta companhia de teatro de prestígio nacional encena as obras do Bardo, além de clássicos modernos e sucessos da Broadway. as produções podem ser vistas em temporadas de oito meses no seu moderno teatro no Loch Haven Park. *812 E. Rollins St • Mapa M3 • 407-447-1700 • Entr. paga • www.orlandoshakes.org*

2 Orlando Repertory Theatre

Fundado como Orlando Little Theatre em 1926, o Repertory é a versão local de um teatro da Broadway. Em seus três palcos são exibidas peças clássicas e contemporâneas. A programação anual inclui espetáculos de boa qualidade. O Theatre for Young People encena peças educativas para crianças em idade escolar. *1001 E. Princeton St • Mapa M3 • 407-896-7365 • Entr. paga*

3 Theatre Downtown

Conhecida como a Melhor Companhia de Repertório de Orlando, o grupo monta bons espetáculos desde 1984. Em 1989, mudou-se para uma antiga loja de eletrodomésticos e neste espaço informal apresenta obras clássicas e contemporâneas (como *American Buffalo*, de David Mamet) e peças inéditas de autores locais. *2113 N. Orange Ave • Mapa M3 • 407-841-0083 • Entr. paga • www.theatredowntown.net*

4 Enzian Theater

Cinema da Flórida central onde só são exibidos filmes de arte em uma única sala com 250 lugares, com mesas e garçons que servem comida e bebida (inclusive cerveja e vinho). Apresenta trabalhos independentes estrangeiros e norte-americanos, e organiza festivais como o Florida Film Festival *(p. 65)*. É uma atração para cinéfilos *(p. 121)*.

5 SAK Comedy Lab

Um favorito no centro de Orlando, o SAK é o templo do humor de improviso na cidade. Os shows, sempre dois por noite, são engraçados e criativos. Apresentados às 20h, atraem famílias e por isso evitam qualquer material obsceno. Os seriados, como Foolish Hearts, e as novelas improvisadas são muito divertidas. *29 S. Orange Ave • Mapa P3 • 407-648-0001 • Entr. paga • www.sak.com*

Orlando Ballet

6 Orlando Philharmonic

A orquestra residente de Orlando conta com mais de 80 músicos formados em conservatório. Apresenta-se em locais variados, como a Phil's Home em Symphony Square, em Leu Gardens (concertos ao ar livre) e até no SeaWorld®. A atração mais esperada é a "Phil at Carr", série de oito concertos (set-mai) que são apresentados no Bob Carr Performing Arts Center, com artistas convidados, clássicos e populares. *Symphony Square, 812 E. Rollins St • Mapa M3 • 407-896-6700 • Entr. paga • www.orlandophil.org*

7 Orlando International Fringe Festival

Este festival de teatro alternativo de catorze dias segue o modelo do avô dos festivais desse tipo: o Fringe Festival de Edimburgo (Escócia). Como o de Edimburgo, o Orlando Fringe apresenta música, dança e outras performances não submetidas a censura ou avaliação prévia, e paga 100% da bilheteria aos artistas. O Orlando Fringe acontece no Lowndes Shakespeare Center, no Orlando Rep e em outros locais próximos *(p. 64)*.

Orlando Ballet

Pequena, porém ganhando importância, esta companhia faz quatro produções anuais, entre elas *O quebra-nozes*, coreografado por Fernando Bujones, seu diretor artístico até 2005. Os balés menores são apresentados em palcos locais, enquanto as grandes montagens vão para o Bob Carr Performing Arts Center. *1111 N. Orange Ave • Mapa P3 • 407-426-1739 • Entr. paga • www.orlandoballet.org*

Mad Cow Theatre

9 Osceola Center for the Arts

A principal casa de cultura de Kissimmee tem teatro, galeria de arte e eventos especiais. A agenda diversificada do Osceola Center for the Arts (OCFTA) oferece um pouco de tudo, de Broadway a Barbershop, de contadores de histórias a esculturas. *2411 E. Irlo Bronson Memorial Hwy • Mapa P3 • 407-846-6257 • Entr. paga • www.OCFTA.com*

10 Mad Cow Theatre

Elogiado pelos atores locais, este importante grupo teatral é famoso pelas montagens modestas, mas excelentes. Apaixonados por peças clássicas e contemporâneas, seus integrantes encenam o que há de melhor na dramaturgia norte-americana e mundial. As últimas produções incluíram de Tchekhov a Neil Simon. *54 W Church St • Mapa P3 • 407-297-8788 • Entr. paga*

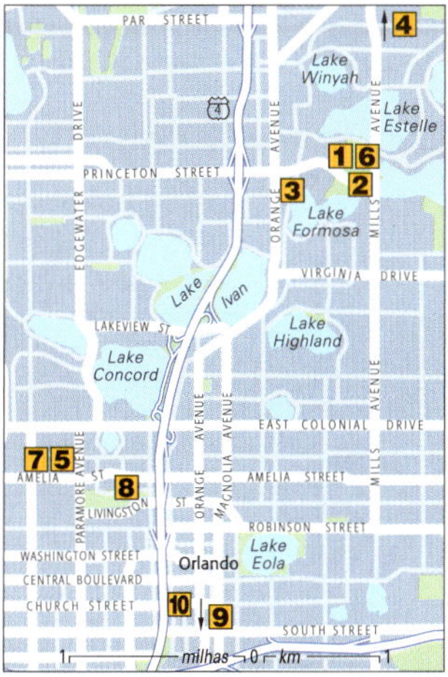

Veja mais sobre onde comer e assistir a shows nas **pp. 80-1**

Orlando International Fringe Festival; Kissimmee Bluegrass Festival

TOP 10 Festivais e Eventos

1 Renninger's Antique Extravaganzas

As 1.400 bancas espalhadas sobre o gramado oferecem desde objetos vitorianos a buttons de antigas campanhas políticas. Aqui, tudo que é antigo e tem algum valor está à venda. O que é melhor vende mais rápido, então chegue cedo (aberto por volta das 9h). *Renningers Antique Center, Hwy 441 • Mapa complementar • 352-383-8393 • 3ª semana de jan, fev e nov*

2 Kissimmee Bluegrass Festival

Melodias suaves, muito violino e nenhuma percussão – bem-vindo ao mundo do bluegrass. Ouça músicos folk norte-americanos como The Ramblin' Rose Band e The Osborne Brothers. Você pode acampar ou levar a própria espreguiçadeira. *Silver Spurs Arena, 1875 E. Irlo Bronson Hwy • Mapa H5 • 321-697-3333 • mar*

3 Central Florida Fair

O faroeste fica longe daqui, porém esta festa perto de Downtown Orlando dura onze dias. As atrações country incluem desfiles de fantasia, feira de gado e produtos agrícolas, música country e iguarias fritas que você jamais imaginou existir. *4603 W. Colonial Dr • Mapa C3 • 407-295-3247 • Início mar • www.centralfloridafair.com*

Cartaz do Florida Film Festival

4 Winter Park Sidewalk Arts Festival

Durante três dias, este prestigiado festival ao ar livre reúne centenas de artistas em bancas de ruas. O trânsito fica congestionado quando a multidão chega para as compras. *Park Ave • Mapa K4 • 407-672-6390 • Meados mar • www.wpsaf.org*

5 Uptown Art Expo

Esta exposição de belas-artes e artesanato acontece num local muito bonito, à beira do lago Cranes Roost, e mostra obras de 125 artistas, pré-selecionadas por um júri. Oferece atividades para crianças e um concurso de arte de rua com giz, para adultos e adolescentes. *Cranes Roost Park, Altamonte Springs • Mapa A5 • 407-592-0002 • Meados fev • www.uptownartexpo.com*

6 Orlando International Fringe Festival

São mais de 500 apresentações durante treze dias. O Fringe tem comédia improvisada, show de drag, stand-up e muito mais. É inspirado no festival de Edimburgo e atrai muita gente. *Vários locais • 407-648-0077 • Mai • www.orlandofringe.org*

7 Zellwood Sweetcorn Festival

Coma quantas espigas de milho você conseguir enquanto assiste à apresentação de bandas country.

Uma grande máquina, Big Bertha, cozinha 1.650 espigas em nove minutos. Há ainda parque de diversões e feira de artesanato. *4253 Ponkan Rd • Mapa complementar • 407-886-0014 • Meados mai • www.zellwoodcornfestival.com*

8 Florida Film Festival

Em dez dias são apresentados cem longas, curtas e documentários. Cineastas exibem seus trabalhos e astros de Hollywood fazem apresentações especiais. *Enzian Theater, 1300 S. Orlando Ave e outros locais • Mapa D4 • 407-629-1088 • Início mar • www.floridafilmfestival.com*

9 Gay Days

Uma semana de festas para mais de 130 mil convidados gays e lésbicas nos parques temáticos. De dia, gays e héteros se misturam nos parques; à noite, parques e clubes fecham para *raves*. *Vários locais • 888-942-9329 ou 407-896-8431 • www.gaydays.com • Início jun*

10 Anime Festival Orlando

Este encontro de fanáticos por desenhos animados japoneses tem filmes, concursos de videogames, dança e fantasias, e muita gente para comprar e vender raridades de coleção. *Wyndham Orlando Resort • Mapa A5 • 3 dias em jun, jul ou ago • www.animefestivalorlando.com*

Gay Days

Melhores Eventos

1 Mardi Gras at Universal

A melhor festa da "Big Easy": paradas, música e colar de contas. *Universal Studios® • Fev-mar*

2 Disney Hollywood Studios Star Wars Weekends

Quatro fins de semana consecutivos de festejos inspirados em Star Wars. *Disney-MGM Studios® • Mai*

3 Night of Joy

Duas noites de apresentações de música cristã contemporânea. *Disney World® • Início set*

4 Bands Brew & BBQ

Combina cerveja, churrasco e apresentações musicais de alto nível. *SeaWorld® • Fev-mar*

5 Halloween Horror Nights

A Universal torna-se um fantasmagório lar de mortos-vivos. *Universal Studios® • Out-nov*

6 Epcot® International Food & Wine Festival

Chefs e sommeliers da Disney exibem suas especialidades. *Epcot® • Out-nov*

7 Epcot® International Flower & Garden Festival

Conheça mestres da jardinagem e astros do programa de TV HGTV. *Epcot® • Mar-mai*

8 Disney World Festival of the Masters

Durante o dia, exibições de arte; à noite, grandes nomes do jazz. *Downtown Disney® • Nov*

9 Mickey's Very Merry Christmas Party

Diversão no início da noite, com neve e desfiles encantadores. *Magic Kingdom® • Dez*

10 Grinchmas

Como o Grinch Roubou o Natal em Seuss Landing. *Islands of Aventure® • Dez*

Loja de Downtown Disney; loja de fábrica da Nike, Orlando Premium Outlets International

TOP 10 Compras

1 Orlando Premium Outlets

Este shopping de 150 lojas de fábrica de Orlando é um enorme complexo situado na entrada do Disney World pela I-4. Tem desde marcas sofisticadas, como Versace, DKNY e Barney's New York, a outras mais populares, como Nike, Timberland e Banana Republic. *8200 Vineland Ave • Mapa F3 • 407-238-7787 • www.premiumoutlets.com*

2 Orlando Premium Outlets International

Este shopping com 180 lojas é para compras de alto nível. Entre os destaques, Eddie Bauer, Betsey Johnson, Perry Ellis, Lacoste, Juicy Couture, Hugo Boss, Coach, Kate Spade, Ugg, Movado e Le Creuset. *4951 International Drive • Mapa U2 • 407-352-9600*

3 Mall at Millenia

Chique e já na parte alta da cidade, o Mall at Millenia tem lojas de luxo como Tiffany & Co., Louis Vuitton, Neiman Marcus e Jimmy Choo, além das de preço médio como Macy's, Pottery Barn e Gap. Tem ainda estacionamento valet e lojas de câmbio, e também uma agência de correio, o que é prático para enviar compras para casa ou mandar presentes. Abriga eventos especiais, como desfiles de moda e atividades interativas para crianças. A única loja da IKEA no centro da Flórida fica atravessando a rua. *4200 Conroy Road • Mapa E4 • 407-363-3555*

4 Florida Mall

Embora seja um imenso shopping de subúrbio, é também um dos melhores da Flórida central e o preferido de visitantes e moradores. Entre suas 200 lojas destacam-se Dillard's, JC Penney, Macy's, Saks Fifth Avenue, Sears, Nordstrom e Lord & Taylor. *8001 S. Orange Blossom Trail • Mapa E4 • 407-851-625 • www.simon.com*

Park Avenue

5 Park Avenue

Estas oito quadras de Winter Park parecem pertencer a uma outra época. A rua de tijolos sombreada por copados carvalhos tem casas térreas de um lado e o relaxante Central Park do outro. As butiques desta sofisticada avenida são autônomas, mas há também algumas lojas de redes, como Williams & Sonoma e Lilly Pulitzer. Não há praça de alimentação, mas as calçadas são cheias de lugares para lanchar ou jantar. *Park Ave, entre Fairbanks Ave e Swoope Ave • Mapa L4*

Os outlets vendem peças da última coleção com pequenos defeitos e com ao menos 30% de desconto. Eles ficam abertos 9h-21h diariam.

6 Pointe Orlando

Trata-se de um complexo de lojas, restaurantes e muita diversão. O Pointe Orlando oferece de tudo: 21 salas de cinema, o centro de diversão Wonderworks, ótimos restaurantes e cerca de vinte lojas, como Victoria's Secret e Armani Exchange. O paisagismo torna o lugar ainda mais agradável para as compras. ✎ *9101 International Dr • Mapa T4 • 407-248-2838 • www.pointeorlando.com*

7 Downtown Disney

Existem duas opções de compras em Downtown Disney. No cintilante West Side ficam a imensa revenda de carros RideMakerz e a loja House of Blues. O Marketplace é mais tranquilo, mas se destaca pelo World of Disney (a maior loja Disney do planeta) e a imensa loja LEGO® Imagination Center, adorada pelas crianças. ✎ *Downtown Disney • Mapa F2 • 407-824-4321 • www.disneyworld.com*

8 Flea World

Considerado o maior mercado de pulgas do país, o Sanford's Flea World lembra um labirinto bizantino com mais de 1.700 estandes de venda que ficam lotados nos fins de semana. Tudo aqui é barato, mas você pode pechinchar ainda mais. Além do mercado, o Flea World tem bandas tocando ao vivo, bingo e um parque de diversões para as crianças, o Fun World. ✎ *4311 S. Hwy 17/92, Sanford • Mapa complementar • 407-330-1792 • Aberto 9h-18h sex-dom*

Ivanhoe Row

9 Renninger's Antique & Flea Markets

Situado num espaço bucólico, o Renninger's é um grande mercado de pulgas e uma feira de antiguidades diferente. No mercado de pulgas você encontra desde roupas a discos de vinil. A feira de antiguidades tem lojas permanentes, especializadas em objetos e joias de qualidade. O Renninger's também abriga a popular Antique Extravaganzas *(p. 64)*. ✎ *20651 Hwy 441, 1,6km (1 milha) a leste de Mount Dora • Mapa complementar • 1-352-383-8393*

10 Ivanhoe Row

Este trecho com lojas de antiguidades sofreu algumas baixas em razão do aumento dos aluguéis, mas ainda abriga várias lojas de artigos de cama e mesa, de roupas e joias antigas e de objetos de coleção. Mobília importada de Báli e LPs antigos podem ser encontrados aqui. ✎ *North Orange Ave • Mapa N3*

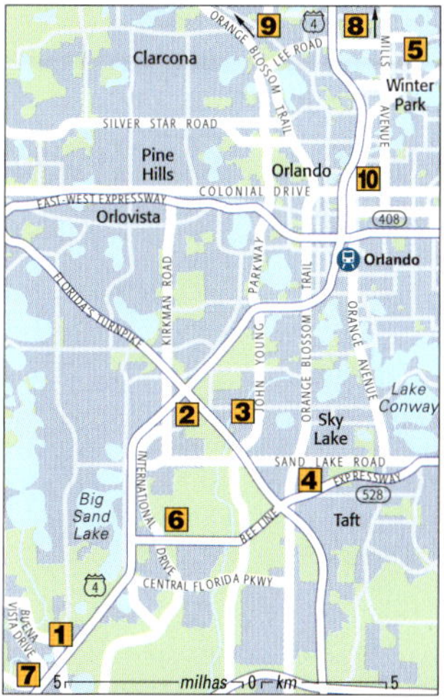

Os outlets costumam fazer suas liquidações nas mesmas épocas que as lojas normais (mar-abr e ago-out)

The Boheme; Park Plaza Gardens

TOP 10 Restaurantes Finos

1 Victoria & Albert's

Os preços são salgados, mas a comida, o vinho e o atendimento deste restaurante são do mais alto nível. É decorado como um salão de jantar vitoriano, e cada mesa é servida por seus próprios Victoria e Albert. São cardápios de sete pratos da cozinha internacional, que incluem carne de bisão do Colorado com maçã defumada e black bass com cuscuz. Prove os acompanhamentos de vinho (uma taça para cada um dos cinco pratos); sai mais barato do que comprar uma garrafa *(p. 94)*.

2 Primo

No interior do elegante J. W. Marriott Hotel, o Primo tem um salão bonito e aconchegante. A chef Melissa Kelly cria pratos com tendência mediterrânea e usa ingredientes frescos, cultivados no próprio hotel. Numa ocasião especial, sente-se no pátio ao ar livre e peça o pato Moulard grelhado em carvão. *4040 Central Florida Pkwy • Mapa T6 • 407-393-4444 • Só jantar • Não tem cardápio infantil • Pratos vegetarianos sob encomenda • $$$$*

Emeril's of Orlando

3 California Grill

A vista do 15º andar ganha nota máxima tanto dos críticos quanto dos clientes (especialmente quando as luzes se apagam para a exibição dos fogos no Magic Kingdom®), assim como a culinária da costa do Pacífico. Os mais pedidos são a terrina de macarrão com garoupa salteada, salada de caranguejo e gengibre, e lombo de porco com polenta e cogumelos. Tem pratos vegetarianos e sushis. É difícil conseguir mesa no fim de semana *(p. 94)*.

4 Emeril's of Orlando

O famoso chef da TV americana Emeril Lagasse é o proprietário deste restaurante, mas ele só aparece uma vez por mês, deixando o preparo do cardápio diário de inspiração *creole* nas mãos de seus cozinheiros. Eles produzem iguarias como faisão recheado com molho de ostras da Louisiana, perca marinha ao molho andouille e bife ancho no sal kosher e pimenta preta moída. O ambiente é elegante e tem uma adega com 12 mil garrafas de vinho. É difícil conseguir mesa, a menos que você reserve com antecedência. O cardápio do almoço é similar e custa dois terços menos. *CityWalk • Mapa T1 • 407-224-2424 • $$$$$*

Veja mais sobre preços na **p. 95**

Todd English's bluezoo

5 La Coquina

O cardápio de carnes, aves e frutos do mar faz do La Coquina o mais elogiado dos cinco restaurantes do Hyatt Regency. O filé de vitela com camarões ao saquê e o espeto de vieiras com arroz e alcachofras são especialidades. Prove o famoso brunch de domingo, com champanhe à vontade e pratos quentes e frios. *1 Grand Cypress Blvd • Mapa F2 • 407-239-1234 • Não tem cardápio infantil • Pratos vegetarianos a combinar com antecedência • $$$$$*

6 Fiorella's Cucina Toscana

Localizado dentro do Westin Imagine Hotel, este restaurante serve cozinha artesanal toscana e do norte da Itália com toque moderno, num ambiente tranquilo. A sala de jantar é impressionante, com colorida arte em vidro contemporânea e vistas da cozinha aberta. Entre as especialidades, pratos de frutos do mar com ingredientes da produção local sazonal e o brownie "Globo" , marca registrada da casa *(p. 105)*.

7 The Boheme

O restaurante do Westin Grand Bohemian Hotel serve para um jantar de negócios ou um encontro romântico. Os destaques são os bolos de caranguejo, o filé-mignon e as costeletas de cordeiro. Comece com um martíni no elegante Bösendorfer Lounge *(p. 117)*.

8 Todd English's bluezoo

Celebra o "zoo azul" dos oceanos em um salão envidraçado com cenas submarinas. Toques asiáticos, toscanos e americanos enriquecem os pratos criados sobre uma excelente seleção de peixes. Serve carnes. *Dolphin Hotel, 1500 Epcot Resorts Blvd, Lake Buena Vista • Mapa G2 • 407-934-1111 • Só jantar • Não tem cardápio infantil • Pratos vegetarianos sob encomenda • $$$$*

9 Park Plaza Gardens

Para um toque de classe, reserve mesa no excelente Park Plaza Gardens. A gloriosa culinária (como a garoupa frita com lentilhas vermelhas e vinagrete de curry) é servida em um jardim que nos remete a um pátio francês. Escolha seu vinho preferido da melhor lista de Orlando e encerre com uma sobremesa inesquecível, como a torta de limão-taiti *(p. 123)*.

10 Napa

Este restaurante refinado, com temática da Califórnia, no Peabody Orlando Hotel *(p. 143)*, usa ingredientes orgânicos locais e sazonais, e tem ótimos frutos do mar e uma carta de vinhos internacional. O restaurante oferece vista para a convidativa Piscina Grotto, rodeada de palmeiras. *9801 International Dr • Mapa T3 • 407-345-4570 • $$$$$*

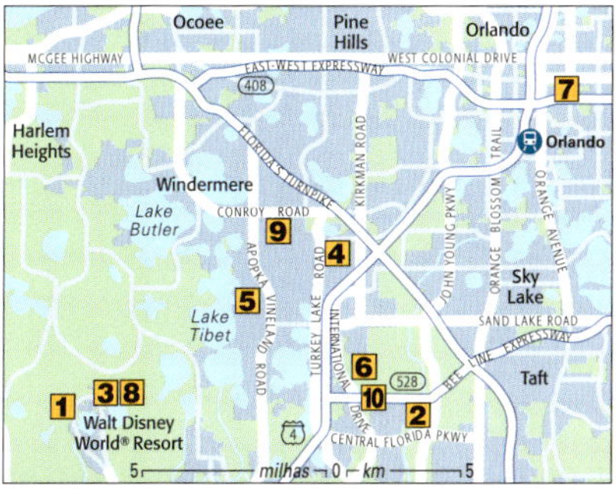

Outback Steakhouse; Café Tu Tu Tango

TOP 10 Restaurantes para a Família

1 Rainforest Café

Este ruidoso restaurante "na selva" é divertido e tem cardápio californiano. A grelha assa costeletas, espetos de filé com soja e gengibre, peito de frango e camarões apimentados. Tem cardápio especial para crianças. A decoração em estilo HQ é divertida e de vez em quando um "vulcão" entra em erupção *(p. 95)*.

Romano's Macaroni Grill

2 Romano's Macaroni Grill

O Romano's é um restaurante de rede, mas parece de bairro. O cardápio italiano e barato inclui pizzas de massa fina assadas em forno de barro, scaloppini de salmão salteado e frango ao Marsala. Toalhas de papel e lápis de cera nas mesas mantêm as crianças distraídas. *12148 Apopka-Vineland Rd • Mapa F2 • 407-239-6676 • $$$*

3 Coral Reef Restaurant

O aquário de 272.600 litros funciona como um calmante neste restaurante temático. O cardápio é tradicional, com ênfase em peixes e frutos do mar, mas faz sucesso entre as crianças. Prove o camarão salteado com molho de limão cremoso *(p. 95)*.

4 Outback Steakhouse

Os saborosos filés malpassados são os mais pedidos, mas não dispense o bife ancho, as strips, os filés e os t-bones. O Outback tem ótimas costeletas defumadas, fettucine com camarões e frango, combinados de costeleta e frango, costeletas de porco e hambúrgueres. *4845 S. Kirkman Rd • Mapa D3 • 407-292-5111 • $$$*

5 Restaurant Marrakesh

Os mosaicos de azulejo e o teto mourisco deixam claro que é um ambiente marroquino. A comida é saborosa. O cordeiro assado au jus com cuscuz e o beef shish kabobs marinado são deliciosos. A dançarina do ventre circula pelo salão e as crianças adoram dançar atrás dela *(p. 95)*.

6 Café Tu Tu Tango

O cardápio deste lugar parece ser de tapas espanholas, mas tem toques internacionais e ingredientes inusitados, como queijo de cabra assado, sashimi de atum, iscas de aligátor e cioba. Artistas (de engolidores de facas a atores) garantem a diversão *(p. 105)*.

7 Boma – Flavors of Africa

Este restaurante com temática africana fica no Animal Kingdom® Lodge da Disney. Os pratos, de mais de 50 países africanos, são servidos de uma cozinha aberta, no café da manhã e no jantar. Tem uma boa seleção de carnes grelhadas, saladas e doces africa-

A menos que especificado, os restaurantes exigem reserva, proíbem o fumo, aceitam cartões, têm AD, AC, cardápio infantil e pratos vegetarianos

nos. O bufê servido à noite constitui uma boa opção para famílias. ⓢ *2901 Osceola Parkway • Mapa G1 • 407-939-3463 • $$$*

8 **Baja Burrito Kitchen**
O que mais atrai aqui é a leve, saudável e deliciosa culinária californiana e mexicana: tacos, quesadillas, fajitas e burritos bem recheados com carne magra, creme azedo e queijo. ⓢ *2716 E. Colonial Dr • Mapa N4 • 407-895-6112 • $$*

9 **Panera Bread**
Não há conservantes nas massas dos pães e das tortas que você come aqui ou leva para casa. O Panera ainda oferece massas de grãos integrais, focaccia e massa azeda. As sopas também são excelentes. ⓢ *7828 Sand Lake Rd • Mapa F3 • 407-226-6992 • $*

10 **Chili's Grill & Bar**
Cadeia internacional Tex-Mex que serve deliciosos sanduíches de galinha, peito de frango grelhado e marinado em molho margarita, coberto com camarões ao limão e fajitas Cadillac com arroz e feijões pretos *(p. 105)*.

Chili's Grill & Bar

Jantar com os Personagens da Disney e da Universal

1 **Chef Mickey's**
Mickey recebe para o café da manhã e as refeições do Contemporary Resort.

2 **Restaurantosaurus**
O Pato Donald está todas as manhãs no Breakfastosaurus, no Animal Kingdom®.

3 **Wonderland Tea Party**
Durante a semana, às 14h, a turma de Alice no País das Maravilhas recebe convidados no Grand Floridian Resort.

4 **1900 Park Fare**
Tome café da manhã com Mary Poppins e jante com outros personagens da Disney no Grand Floridian Resort.

5 **Mickey's Backyard BBQ**
Os personagens Disney estão neste bufê americano onde se come enquanto se assiste à apresentação de quadrilhas em Fort Wilderness.

6 **Cinderella's Royal Table**
Tome o café da manhã "Once Upon a Time" no castelo da Cinderela, no Magic Kingdom® (exige entr. do parque).

7 **Circus McGurkus**
O Gato, o Grinch, Coisa 1 e 2 aparecem todos os dias às 14h45 para lanchar em Seuss Landing, nas Islands of Adventure.

8 **The Crystal Palace**
Faça todas as refeições com Pooh no Magic Kingdom® (exige entr. do parque).

9 **Liberty Tree Tavern**
Mickey e Pateta recebem para o jantar "Libere seu Apetite" no Magic Kingdom® (exige entr. do parque).

10 **Cape May Café**
Tome café da manhã com o Pateta no bufê do Beach Club Resort.

Para comer com os personagens, ligue sete dias antes (Disney: 407-939-3463; Universal: 407-363-8000). Crianças pagam $ e adultos $$-$$$

Bösendorfer Lounge; A vida noturna no centro

Top 10 Cafés e Bares

1 Lucky Leprechaun

Esta animada e agradável instituição de Orlando tem relação com a Irlanda e a mesma simpatia. Além da grande variedade de cervejas, inclusive as irlandesas, claro, também serve comida. Karaokê todas as noites, diversão ao vivo e telões de TV exibindo importantes eventos esportivos. Lugar muito frequentado por moradores *(p. 104)*.

2 Independent Bar

Lugar para dançar, descontraído e moderno, com boa música e sem a lotação peculiar a muitos outros clubes. Faz uma excelente mistura de ritmos, do pop clássico ao indie e ao jazz. Bar e pista de dança espaçosos *(p. 116)*.

3 Cowboys Orlando

Bata os calcanhares neste concorrido espaço de música country, próximo ao centro de Orlando. É um clube grande, com quatro bares e som e iluminação de última geração. Abre de quinta a sábado para maiores de 18 anos e todas as noites tem drinques especiais e concursos de dança *(p. 116)*.

4 The Bar at California Grill

Bar descontraído onde você pode abrir uma garrafa de vinho e assistir aos fogos de artifício do Magic Kingdom®. As melhores mesas ficam ao ar livre, portanto chegue cedo. Em outros horários, não é difícil encontrar lugar *(p. 94)*.

5 Fiddler's Green

Pub irlandês grande e barulhento, o Fiddler's Green tem ótimas cervejas, ambiente descontraído e um barman que é o mais rápido da cidade. Tem jogo de dardos e às vezes música ao vivo, mas as pessoas gostam mesmo é de beber cerveja e jogar conversa fora. Serve almoço e jantar *(p. 123)*.

Bar-B-Q Bar

Os bares costumam abrir entre 16h-20h e fechar por volta das 2h

6 Bar-B-Q Bar

Vai muito além das cervejarias com piso pegajoso e gente falando alto; o Bar-B-Q é o lugar para ver e ser visto. Por ser o preferido dos músicos, fica lotado quando uma boa banda se apresenta. Nas mesas da calçada as pessoas apreciam o movimento noturno da Orange Avenue. *64 N Orange Ave • Mapa P3 • 407-648-5441*

7 Sky 60

Situado acima do The Social *(p. 74)*, este bar de cobertura na Orange Avenue é o preferido de quem não quer se misturar com as massas, mas vê-la de cima. Pintado de branco, o salão arejado é uma alternativa elegante para quem está acostumado a beber no andar de baixo ou no Bar-B-Q Bar. A diversão fica por conta do DJ, que tende para batidas mais refinadas e menos agressivas *(p. 116)*.

Fiddler's Green

8 The Bösendorfer Lounge

Não é fácil vender luxo em Downtown, porque os que frequentam a noite têm menos de 30 anos e não são tão abonados. Mesmo assim, este caro bar de hotel vive cheio, o que prova que uma clientela mais velha, sofisticada e urbana está disposta a pagar o preço que for por uma noite tranquila e um coquetel colorido *(p. 74)*.

9 Dexter's of Thornton Park

Um exército de colarinhos-brancos frequenta este bar e restaurante em um espaçoso loft. Nas noites quentes, eles se agrupam no pequeno espaço ao ar livre ou nas mesas da calçada, misturando-se aos fiéis de uma igreja fundamentalista e os fregueses de uma cervejaria popular da mesma rua. O Dexter's é conhecido pelo excelente cardápio neoamericano e pelos ótimos vinhos servidos em taça. Tem filial no Winter Park *(p. 122)*. *808 E. Washington St • Mapa P3 407-648-2777*

10 Pine Street Bar & Grill

De pub escuro mal frequentado a bar de esportes, este endereço no centro de Orlando já passou por uma série de mudanças de nome e ambiente. A mais recente encarnação – Pine Street Bar & Grill – tem um bar completo e um despretensioso cardápio de pub, incluindo hambúrgueres, asas de frango, sanduíches, quesadillas e saladas. Dardos, pingue-pongue, mesa de sinuca e jukebox completam a diversão. Serve comida até 0h30 toda noite. *68 E. Pine St • Mapa P3 • Sem acesso AD • 407-872-1947*

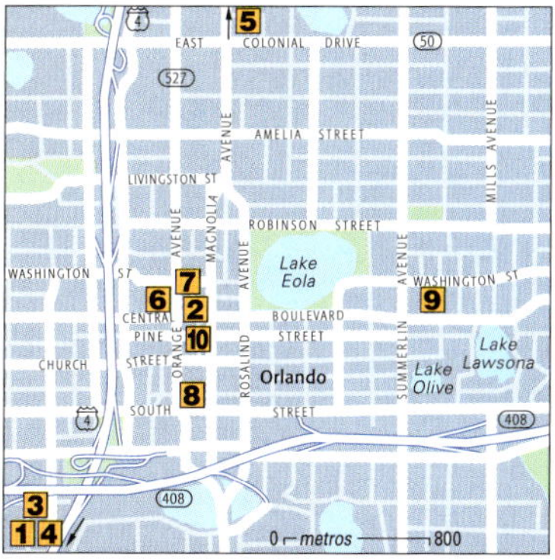

A idade mínima para consumir bebida alcoólica na Flórida é 21 anos. Ande com um documento de identidade com foto para não ser barrado.

Hard Rock Live; Blue Martini

TOP 10 Música ao Vivo

1 The Social

Este clube intimista do centro oferece um mix eclético de música ao vivo, com nomes estabelecidos e artistas em ascensão. DJs também se apresentam no lendário palco da casa. A velha política de contratar bons artistas nacionais rendeu-lhe a reputação de melhor clube de música ao vivo de Orlando. Hoje, a concorrência dos grandes clubes é muito maior, mas este lugar intimista, com decoração rústica porém elegante, é o favorito de O-Town para ouvir boa música *(p. 116)*.

2 HOB Blues Bar

A arte popular nas paredes dá a este lugar gigantesco uma aparência folclórica. Mas, como tudo no grande império Disney, a decoração apenas esconde uma aparelhagem de última geração. A HOB programa shows de todos os gêneros, do hip-hop ao death-metal. Diferentemente de outros clubes, aqui os shows começam e terminam no horário previsto e o som é cristalino. A única falha é a falta de lugares de onde se veja o palco; portanto, prepare-se para passar a noite em pé *(p. 93)*.

3 Hard Rock Live

Se a HOB é yang, o Hard Rock é yin. É um espaço confortável, com camarotes e boa visão de palco. O salão de baile pomposo é mais adequado para aqueles que gostam de se apresentar em ambientes elegantes, portanto não se surpreenda se encontrar artistas de R&B, como Maxwell e Erykah Badu, por aqui. A programação do Hard Rock é mais eclética e tem menos nomes de primeira grandeza *(p. 104)*.

4 Blue Martini

Aqui são servidas 29 receitas diferentes de martínis, em várias formas e cores. É um lugar vibrante com música ao vivo todas as noites, frequentado por muitos jovens executivos após o trabalho e nos fins de semana. No cardápio, há *tapas* e refeições leves. O pátio ao ar livre é um conhecido ponto de encontro. *4200 Conroy Road • Mapa M3 • 407-447-2583*

5 The Bösendorfer Lounge

A loucura da lounge music que há algum tempo varreu o país agora é somente para quem entende do assunto. Este elegante bar de hotel é ideal para bebericar coquetéis enquanto uma dupla em trajes de gala canta ao lado de um piano Bösendorfer de US$250 mil. Seja pelas cortinas drapeadas, seja pela madeira escura ou pela clientela refinada, aqui você se sente um milionário *(p. 116)*.

6 Blues Bar at House of Blues

Antes de ser uma rede de megaclubes, o conceito original

Deve-se mostrar documento de identidade nas danceterias de Orlando; em geral, a idade mínima é 21 anos; algumas exigem idade superior

da HOB se aproximava muito deste bar de beira de estrada, que oferece comida *bayou*, cerveja gelada e blues bands ao vivo em um palco baixo. Apesar da pouca promoção, as bandas que tocam aqui são excelentes. O preço do jantar é alto (assim como tudo na Disney), entretanto, não se cobra couvert *(p. 46)*.

Música ao vivo na House of Blues

7 Adobe Gilas

De um lado, bandas cover, de outro, uma juventude bonita, movida a muita tequila e dança sensual. As bandas geralmente tocam no pátio, mas o programa fica ainda mais divertido quando chove e os músicos precisam se espremer do lado de dentro. É nítido que a decoração já está bastante gasta, mas, se você quiser reviver suas festas universitárias, venha para cá *(p. 104)*.

8 Atlantic Dance Hall

Faça uma viagem de volta aos glamourosos salões de baile dos anos 1930 e 40 e dance a noite inteira! Com espaço amplo e uma maravilhosa decoração kitsch art déco, o Atlantic Dance Hall é muito bem localizado para quem está hospedado em resorts da Disney. DJs duelam nas noites de quinta e sexta, e há vídeos para dançar junto nas terças, quartas e sábados *(p. 93)*.

9 Backstage at the Rosen Plaza

Esta divertida danceteria fica no interior do Rosen Plaza Hotel, na International Drive. Dance a noite toda ao som de bandas ao vivo e dos melhores DJs, que tocam hits populares dos anos 1970, 80 e 90. Oferece estacionamento com manobrista. ⊗ *Rosen Plaza Hotel, 9700 International Dr • Mapa F3 • 407-996-9700 • www.rosenplaza.com*

10 Bongo's Cuban Café

Uma animada mistura de Havana Antiga e Miami. Além da deliciosa comida cubana, o Bongo's também serve muita salsa em seu sistema de som. Há lugares para sentar dentro e fora, vários andares e baile todas as noites. Música ao vivo de qualidade às sextas-feiras e aos sábados *(p. 93)*.

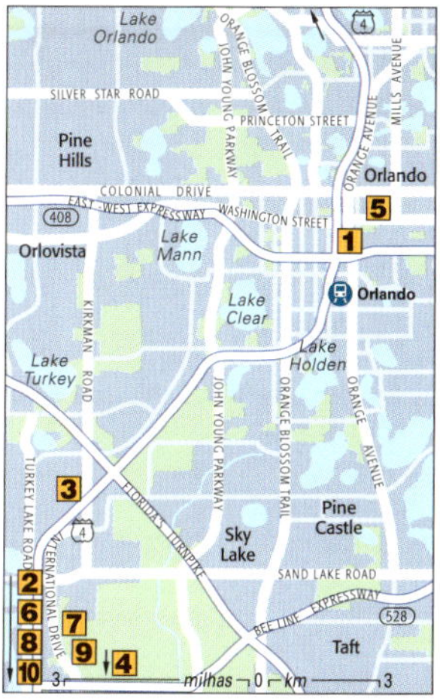

Firestone Live; Cena noturna em Downtown

TOP 10 Casas Noturnas da Moda

1 Hard Rock Live

Localizado na City Walk da Universal, este espaço grande e vibrante parece o Coliseu romano e acomoda até 2 mil pessoas – é garantia de uma noite muito divertida. No primeiro andar há uma pista de dança e não há lugar para sentar. O fantástico sistema de som do Hard Rock Live é de última geração, bem como a tecnologia de iluminação. Apresentam-se nesta casa noturna os novos talentos da cena musical e astros e estrelas nacionais e internacionais em turnê *(p. 104)*.

Hard Rock Live

2 The Beacham Theater

Instalado num edifício do centro que já abrigou os famosos espetáculos de vaudeville dos anos 1920, o Beacham Theater é um local de música para 1.250 pessoas e uma animada casa noturna, com sistemas de som e luz de alta tecnologia e uma grande pista de dança. Nomes nacionais em turnê costumam aparecer, e DJs também ditam o ritmo. Às sextas acontece a Ladies' Night. Obrigatório comparecer com traje adequado *(p. 116)*.

3 Firestone Live

Classificada como casa top de linha pela revista *Rolling Stone*, o Firestone Live ocupa o interior de um antigo prédio de Orlando. Os ingredientes mágicos (espaço amplo, sistemas de som e iluminação excelentes e DJs internacionais) garantem até hoje um dos melhores programas noturnos de Orlando. A casa atrai uma clientela mista que é simpática aos gays. O som vai do trance e hip-hop aos ritmos latinos, dependendo do dia da semana *(p. 116)*.

4 Revolution Nightclub

Com um espaço de 1.300m^2 para dançar, muitos balcões de bar e mais três salas de música, o Revolution é feito para o público local alternativo. Bandas ao vivo e DJs internacionais tocam salsa de Miami, hip hop e techno até altas horas da madrugada, enquanto no Hydrate Video Bar você assiste a vídeos em telas gigantescas.

375 S. Bumby Ave • Mapa D5 • 407-228-9900 • Entr. paga

5 Monkey Bar

Uma placa no complexo de bares e restaurantes anuncia a existência do Monkey Bar, mas é preciso descer as escadas do Tiki Bar e tomar um elevador para este esconderijo no andar de cima. Moderno e aconchegante, no Monkey Bar tem comida, mas também bons drinques e música ao vivo. Experimente os martínis no happy hour (16-19h ter-sex). ✆ *19 N. Orange Ave • Mapa D4 • 407-849-0471 • Fechado dom, seg • Entr. paga*

6 Samba Room

Clube de South Orlando chique e sofisticado. Durante a semana é restaurante, mas às sextas-feiras e sábados apresenta ritmos latinos e reggae ao vivo, e a pista de dança ferve até 2h. No cardápio, culinária latina fusion. Tem área para fumantes. ✆ *7468 W. Sand Lake Rd • Mapa S3 • 407-226-0550 • Entr. paga • www.sambaroom.net*

7 Antigua

Parte de um amplo complexo de cinco bares, os vários andares do Antigua atraem a uma clientela bonita – e animada. Localizado no coração de Downtown, este clube sofisticado enche de energia a histórica Church Street. Cascatas impressionantes decoram os quatro bares e três setores VIP, além dos grandes aquários. Mulheres acima de 18; homens, de 21. ✆ *Church Street Station, 46 W. Church St • Mapa P2 • 407-649-4270 • www.church streetbars.com*

Roxy

8 The Groove

O tema muda a cada noite neste clube de dança da Universal CityWalk: de sucessos dos anos 1970 e 80 a ritmos atuais, latinos, techno e outros. Para dançar há grande pista psicodélica, mas as áreas menores – Candle Room, Blue Room e Red Room – são melhores para reuniões mais íntimas. The Groove é uma ótima alternativa para os adolescentes, que têm suas noites exclusivas às segundas e quartas *(p. 104)*.

9 The Social

Um lugar intimista situado no coração da área boêmia de Downtown. Sempre apresenta grandes nomes da música e tem música ao vivo na maioria das noites. Serve também os melhores martínis da cidade *(p. 116)*.

10 Roxy

Escondido em uma área da cidade quase deserta quando anoitece, o Roxy é uma danceteria com vários andares e ótimos DJs, que tocam hip-hop, música latina e house todas as noites. O público tende a ser menos ligado em modismos e mais hétero do que os clientes usuais dos clubes mistos do centro. Na Segunda-Feira de Luta Livre, lutadores amadores entornam algumas cervejas e saltam para dentro do ringue. Como se vê, é um público muito diferente do que se encontra em Downtown. ✆ *740 Bennett Rd • Mapa N5 • 407-898-4004 • www.roxyorlando.com*

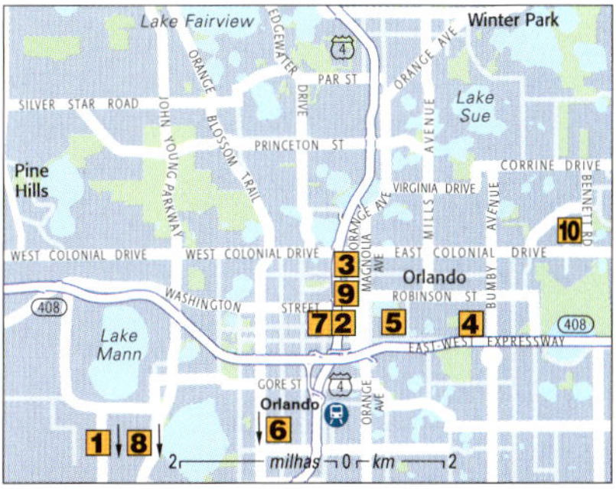

Veja mais sobre a vida noturna nas **pp. 72-5**

Wylde's; Carmello, drag queen de Orlando

TOP 10 Para Gays e Lésbicas

1 Parliament House Resort

O Parliament é um dos primeiros resorts gays no sudeste e promete diversão 24 horas. Além dos 130 quartos, tem danceteria, piano bar, bar country e western, videobar, festas à beira do lago e muito mais. *410 N. Orange Blossom Trail • Mapa P2 • 407-425-7571 • Grátis (entr. paga para a danceteria)*

2 Mr. Sisters

Restaurante de dia e casa noturna depois que escurece, o Mr. Sisters oferece um imenso pátio à beira do lago, DJs com música do momento, show de luzes high-tech e vários eventos temáticos e shows de drag queens. *5310 E Colonial Dr • Mapa N6 • 407-545-2467 • Entr. paga*

3 Wylde's

O Wylde's é o melhor lugar para se divertir e paquerar. Na programação, várias noites temáticas, entre elas a hilariante noite de karaokê e a de música country. Os atendentes, só de cueca, servem bebidas a preços de happy hour. O clube também tem dançarinos, mesas de sinuca e jogo de dardos. *3557 S. Orange Ave • Mapa Q3 • 407-852-0612*

4 Revolution Nightclub

O Revolution é um megaclube, reunindo sob o mesmo teto o Revolution Nightclub, o Hydrate Video Bar e o Majestic Theatre and Lounge. Um público diversificado lota a pista de dança no Revolution, toma drinques e vê os vídeos mais quentes no Hydrate, ou assiste teatro, música ou shows de drags no Majestic. Tem pátio ao ar livre para relaxar e uma sala de jogos com mesas de sinuca, dardos e videogames. *375 S Bumby Ave • Mapa P3 • 407-228-9900*

5 The Peacock Room

O ambiente jazzístico do Peacock é uma bem-vinda

The Peacock Room

alternativa à batida techno. Este salão pequeno e elegante fica bem no centro de ViMi, o bairro gay. Uma pequena jazz band embala o ambiente art déco. O lugar também agrada aos héteros e a convivência é tranquila. ⓢ *1321 N. Mills Ave • Mapa N4 • 407-228-0048 • Grátis*

Parliament House

6 Savoy Orlando

Sofisticado salão em North Orange que atrai um público refinado, a maioria de executivos. O bar tem mesas altas, bancos de couro e lustres de cristal, e o ambiente é de classe. ⓢ *1913 N. Orange Ave • Mapa P3 • 407-898-6766 • Grátis*

7 Firestone Live

Ocupando um grande barracão antigo da Firestone, há muito tempo é um dos melhores clubes para dançar, especialmente para gays, ravers e modernos. Embora as noites exclusivas para gays não existam mais, ainda oferece house, hip-hop e trance music para "a comunidade". O Glass Chamber, no andar superior, é um ambiente com sofás confortáveis, para relaxar *(p. 116)*.

8 Pulse

Neste badalado espaço gay de Orlando os DJs tocam música dos anos 1970 e 80. Terça-feira é a Noite do Karaokê; quarta, A Noite Universitária; e sexta é dia de hip-hop. Seja qual for seu estilo de música preferido, você sempre o ouvirá aqui. Este simpático estabelecimento está entre os favoritos da população gay de Orlando. ⓢ *1912 S. Orange Ave • Mapa Q3 • 407-649-3888 • Entr. paga*

9 Stonewall

Tudo, desde dançarinos vestidos com couro a "noites de roupa íntima" , faz desta casa um programa obrigatório para a comunidade gay local. Tem happy hour todo dia, noites de bingo e pôquer, e karaokê às sextas. ⓢ *741 W Church St • Mapa P3 • 407-373-0888 • Grátis*

10 Hanks

O Hanks já funciona há mais de vinte anos e é um dos bares gays mais antigos de Orlando. Mesas de sinuca, dardos, videogames e uma jukebox fazem deste bar despretensioso de cerveja e vinho um reduto tradicional. O Back Room, uma loja adulta anexa, fica aberta a noite toda. ⓢ *5026 Edgewater Dr • Map L1 • 407-291-2399 • Grátis*

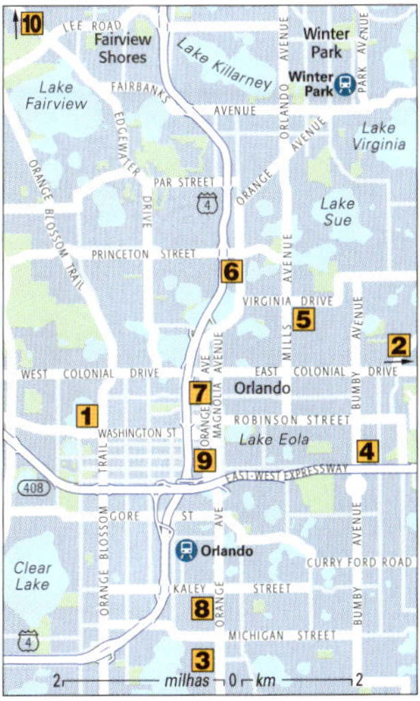

Veja mais sobre os clubes de Orlando nas **pp. 76-7**

Medieval Times; Sleuth's Mystery Dinner Theatre

TOP 10 Jantar com Show

1 Hoop-Dee-Doo Musical Revue

Faça reserva com muito tempo de antecedência para a popular noite "chow-and-cheer" (algo como "divirta-se mastigando") na Disney. As piadas são infames, as estrelas se vestem como no espetáculo da Broadway *Oklahoma!* e, mesmo que você não queira, os atores e a plateia não desistirão de levá-lo até o palco para cantar. Coma à vontade frango frito e costeletas grelhadas; cardápio vegetariano, só avisando com 24 horas de antecedência *(p. 93).*

2 Arabian Nights

Aqui, os cavalos roubam a cena. Várias raças, dos elegantes árabes aos musculosos belgas, brilham neste espetáculo que inclui hábeis caubóis, corridas de charretes, comédia de pastelão e acrobacias em pelo. Quem gosta de cavalos poderá acariciar os seus favoritos após o show. *6225 W. Irlo Bronson Memorial Hwy • Mapa G2 • 407-239-9223 • 19h30 diariam*

3 Medieval Times

Aqui, os cavalos são secundários. O espetáculo fica por conta dos cavaleiros, que lutam com espadas, disputam justas e animam a plateia enquanto você devora costeletas grelhadas e frango assado com as mãos (afinal, estamos no século XI). Chegando mais cedo, você pode visitar a réplica de uma aldeia medieval. *4510 W. Irlo Bronson Memorial Hwy • Mapa G3 • 407-396-1518 • Horários dos shows variam*

4 Spirit of Aloha Dinner Show

Artistas do Havaí, da Nova Zelândia e do Taiti apresentam hulas e danças rituais em um teatro ao ar livre. Enquanto isso, você come à vontade porco e frango assados, arroz frito, legumes e frutas. Aprenda a fazer *leis* e a dançar hula antes do show. *Disney's Polynesian Resort • Mapa F1 • 407-824-2000 • 17h15 e 20h diariam*

Arabian Nights

5 Pirates Dinner Adventure

Os atores fazem de tudo para entreter a plateia com comédia, drama e música, em um cenário de navio pirata em tamanho natural flutuando sobre um "lago". O bufê serve frango assado, filé, arroz com ervas e outros pratos. Depois do show, a festa Bucca-

O preço dos ingressos dos shows às vezes varia, dependendo do dia da semana

neer Bash Dance Party ajuda a queimar as calorias que você acabou de ganhar. *6400 Carrier Dr • Mapa U2 • 407-248-0590 • 19h45 diariam*

6 Makahiki Luau

Esta festa polinésia celebra a relação do homem com a terra e o mar. A celebração inclui ritmos variados, dançarinos das ilhas do Pacífico, trajes típicos e uma culinária deliciosa. O luau é uma das melhores refeições do circuito de jantares com show em Orlando. O show acontece dentro do parque, mas não é necessário o ingresso do parque para assistir. *SeaWorld • Mapa T2 • 800-327-2424 ou 407-363-2559 • Diariam • www.seaworldorlando.com*

Pirates Dinner Adventure

7 Sleuth's Mystery Dinner Theatre

O grupo tem um repertório de oito espetáculos por mês, todos com mortes suspeitas e uma reviravolta antes da solução do mistério. Antes do show é servida uma entrada, uma ave selvagem da Cornualha à sua escolha, *prime rib* ou lasanha, mais acompanhamentos, sobremesa, cerveja, vinho e refrigerante à vontade. *8267 International Dr • Mapa T1 • 407-363-1985 • Os horários dos shows mudam sempre*

8 Capone's Dinner & Show

Reviva os anos 1930 neste notório bar clandestino de Al Capone, onde os falsos bandidos e suas amantes divertem os clientes com música e dança. Você come à vontade massas, linguiças com pimenta e cebola, frango e presunto assado, batatas e toda a cerveja, vinho, café, chá gelado e refrigerantes que conseguir beber. *4740 W. Irlo Bronson Memorial Hwy • Mapa G3 • 407-397-2378 • 20h diariam*

9 Outta Control Magic Comedy Dinner Show

A plateia vira parte do show durante os 90 minutos da mistura interativa que Tony Brent faz de mágica e comédia improvisada de ritmo rápido. Imitações e leitura da mente são acompanhadas por pizza de pepperoni, pipoca, cerveja refrigerantes e sobremesas, tudo servido à vontade. O show agrada a todas as idades. *Wonderworks, 9067 International Dr • Mapa T4 • 407-351-8800 • 18h e 20h todas as noites*

10 Treasure Tavern

Esta alternativa para adultos ao show infantil Pirates Dinner Adventure combina circo, imitações, comédia, mágica, música ao vivo e jantar, com costela de primeira e um bar completo. *6400 Carrier Dr • Mapa U2 • 407-206-5102 • 20h ter-sáb*

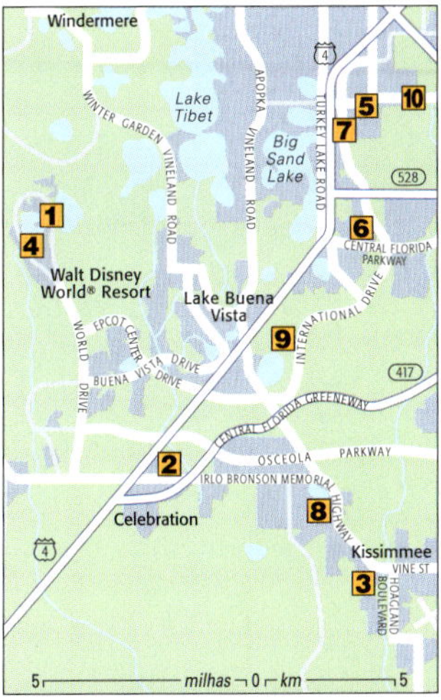

Não há idade mínima para os jantares com show; alguns não são adequados para crianças pequenas

Clearwater Beach, Costa do Golfo; Florida Aquarium

TOP 10 Passeios de Um Dia ao Oeste

1 Busch Gardens

Com seis montanhas-russas, três atrações aquáticas e muitas outras novidades, este parque segue de perto os passos do Islands of Adventure *(pp. 20-3)* no que diz respeito às emoções. Os viciados em montanha-russa adoram a SheiKra – sem piso, e que alcança nada menos que 120km/h. Amantes da natureza vão gostar das interações com animais na Jungala e do passeio de caminhão pelas planícies do Serengeti Safari. Há eventos sazonais e séries de concertos o ano todo. *3000 E. Busch Blvd, Tampa • 813-987-5082 • Horários variam conforme a época do ano • Entr. paga • www.buschgardens.com*

Busch Gardens

2 Florida Aquarium

Espécies nativas da Flórida são apenas alguns dos 10 mil animais e plantas que você encontra nesta moderna atração. Pântanos, baías, recifes de coral e todos os seus habitantes são vistos em várias galerias; mergulhadores alimentam tubarões e outros peixes. *701 Channelside Dr, Tampa • 813-273-4000 • Aberto 9h30-17h diariam • Entr. paga*

3 Lowry Park Zoo

O zoológico mais antigo de Tampa tem 1.500 animais, entre eles tigres-de-sumatra, leopardos persas e dragões-de-komodo. É também um centro de reabilitação para peixes-bois *(p. 31)* e um santuário de panteras e lobos vermelhos da Flórida. No aviário e no zoo de filhotes você pode tocar em algumas espécies. *1101 W. Sligh Ave, Tampa • 813-935-8552 • Aberto 9h30-17h diariam • Entr. paga*

4 Ybor City/Centro Ybor

O coração latino de Tampa tem como atrações o Ybor State Museum, galerias de arte moderna e cafés animados. Não deixe de pedir um sanduíche para acompanhar o forte café cubano, e depois dançar salsa e merengue em um dos muitos clubes do bairro. *Seventh Ave, Tampa • Mapa complementar • www.ybor.org*

5 Florida International Museum

A Kennedy Collection exibe a cadeira de balanço em que JFK se sentava para aliviar a dor nas costas e réplicas em tamanho natural do Salão Oval e do Jardim das Rosas da Casa Branca. O museu tem mostras itinerantes de importantes coleções internacionais. *244 2nd Ave N., St Petersburg • 727-341-7900 • Aberto 9h-18h seg-sáb, 12h-18h dom • Entr. paga • www.floridamuseum.org*

6 Costa do Golfo

O condado de Western Pinellas tem mais de 48km de praias, ondas suaves e água tépida que atraem muita gente o ano todo. St. Pete Beach, Treasure Island, Madeira Beach e Clearwater Beach estão entre as preferidas. ✎ *De St. Pete Beach para Clearwater Beach • Mapa complementar*

7 Historic Bok Sanctuary

Esta National Historic Landmark tem aproximadamente 100ha de terreno e jardins, com um campanário de 62m de altura e uma mansão em estilo mediterrâneo. O centro de visitantes tem museu, vídeos, café e loja de presentes. ✎ *1151 Tower Blvd, Lake Wales • 863-676-1408 • Entr. paga • AD • www.boksanctuary.org*

8 Salvador Dali Museum

A maior coleção de trabalhos realizados por Salvador Dalí entre 1914 e 1970 pode ser vista neste excelente museu. As obras expostas são óleos, aquarelas e esculturas dos grandes surrealistas. Tem ainda um café e um interessante espaço ao ar livre, o Avant-Garden. ✎ *1 Dali Blvd, St. Petersburg • 727-823-3767 • Aberto 10h-17h30 Seg-sáb (até 20h qui), 12h-17h30 dom • Grátis • AD • www.salvadordalimuseum.org*

9 Caladesi Island State Park

Ilha com 5km de extensão na qual se chega com o ferryboat que parte de Honeymoon Island. É um adorável refúgio atravessado por uma trilha natural. A ausência de carros a mantém tal como era há um século. Tartarugas marinhas deixam rastros na

Capela Annie Pfeiffer, Florida Southern College

areia da praia quando vêm desovar aqui. ✎ *Ferryboat para a ilha • 3 Causeway Blvd, Dunedin • 727-469-5918 • O ferryboat circula 10h-17h diariam • Entr. paga • Mapa complementar*

10 Florida Southern College

Na década de 1930, o famoso arquiteto Frank Lloyd Wright projetou os doze prédios do campus desta universidade – é o maior conjunto do mundo de sua autoria. Destacam-se a Capela Annie Pfeiffer, a Biblioteca Roux, a Capela Danforth e as Esplanadas. Pegue um mapa do roteiro da visita no centro de visitantes. ✎ *111 Lake Hollingsworth Dr, Lakeland • 863-680-4110 • Horários do centro de visitantes 11h-16h ter-sex, 10h-14h sáb, 14h-16h dom • Grátis*

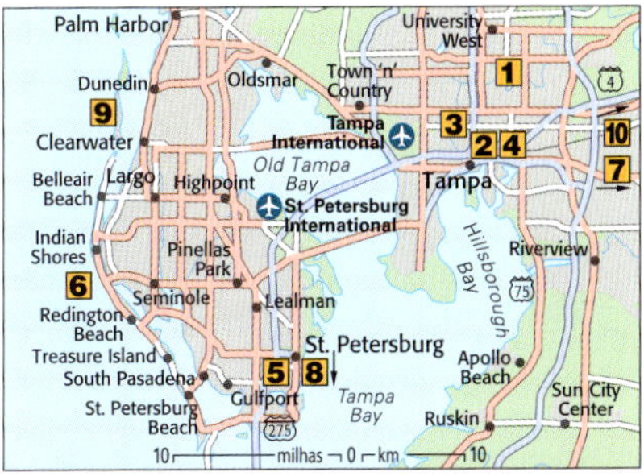

Veja mais sobre Passeios de Um Dia ao Norte e Leste nas pp. 84-5

Daytona Beach; Ron Jon Surf Shop, Cocoa Beach

Top 10 Passeios de Um Dia ao Norte e Leste

1 Kennedy Space Center

Este interessante monumento ao programa espacial norte-americano impressiona os visitantes pelas peças grandes, como o foguete *Saturn V*, e pequenas, como os antigos trajes espaciais. Ônibus percorrem todas as instalações *(pp. 38-41).*

2 Cocoa Beach

Situada 96km (60 milhas) a leste da I-4 pela Beachline Expressway, Cocoa Beach é a praia mais próxima de Orlando. É pitoresca, diferente das cidades que a cercam (com exceção de Cocoa Village, perto da US Hwy 1), onde o surfe é levado a sério, em parte pela presença da Ron Jon Surf Shop, meca dos surfistas para roupas, equipamentos, pranchas e todos os acessórios para a praia. *Mapa complementar*

3 Daytona Beach

Nas "férias de primavera" esta praia lendária (a 90 minutos de Orlando pela I-4) é destino de milhares de universitários, que bebem e dançam até cair. Mas nem tudo é sol e farra. Em Beach Street há lojas, restaurantes e casas noturnas; e, principalmente, a Daytona Speedway, onde são disputadas a Daytona 500 e outras corridas da NASCAR *(p. 57). Mapa complementar*
• Informações turísticas 386-255-0415

4 New Smyrna Beach

Ao sul de Daytona Beach, New Smyrna é uma cidade pequena, sem a agitação de Daytona. Também tem praias maravilhosas, no entanto, assim como em Daytona, os carros disputam espaço com os veranistas. Para comer, o melhor lugar é o JB's Fish Camp, uma barraca simpática e animada à beira da Mosquito Lagoon, que prepara os peixes, frutos do mar e tortas de limão-taiti mais saborosos do estado.
Mapa complementar

Rivership Romance no rio St. John's

5 Cassadaga Spiritualist Camp

Escondido pela vegetação, perto da saída 54 da I-4, o Cassadaga foi fundado há mais de cem anos como comunidade de clarividentes, médiuns e curadores. Os residentes praticam a ciência, a filosofia e a religião do espiritualismo; fazem contatos com os mortos e oferecem serviços de cura para o corpo, a mente e o espírito. Os atendentes da livraria do Cassadaga Camp põem os visitantes em contato com os médiuns e até fornecem um telefone para agendar consultas.
Mapa complementar • Cassadaga

Veja mais sobre Passeios de Um Dia ao Oeste nas **pp. 82-3**

Camp Bookstore, 1112 Stevens St • Aberto 10h-18h seg-sáb, 11h30-17h dom • 386-228-2880 • www.cassadaga.org

6 Crystal River Manatee Swim and Snorkel Tour

Três barcos cobertos fazem passeios o ano todo pelo imaculado rio Crystal, onde é possível ver o peixe-boi – e nadar com essa espécie ameaçada de extinção *(p. 33)*. É mais fácil avistá-lo entre fim de outubro e fim de março. Ⓢ *Pete's Pier, 1 SW 1st Place, Crystal River • Mapa complementar • Passeios diários, ligue para horários • 352-628-3450 • Entr. paga • www.crystalrivertours.com*

7 Merritt Island National Wildlife Refuge

Este santuário de vida selvagem de 570km^2 (é o segundo maior da Flórida) abriga mais espécies ameaçadas do que qualquer outra reserva dos Estados Unidos. São 10km de estradas para carros e passarelas suspensas sobre pinheiros e carvalhos *(p. 52)*.

8 St Johns Rivership Company

Partindo da histórica Sanford, este barco com três conveses construído em 1946 faz viagens diárias pelo espetacular rio St. John's. É a maneira mais ecológica e civilizada de conhecer a Flórida que os turistas raramente veem. Ⓢ *433 N. Palmetto Ave • 321-441 3030 • Entr. paga • Não tem AD • www.stjohnsrivershipco.com*

9 Central Florida Zoo and Botanical Gardens

À sombra das árvores copadas, os visitantes observam de perto os animais (macacos bugios, águias-carecas, lhamas, zebus, entre outros). Algumas áreas são inadequadas – é evidente que os grandes felinos precisam de jaulas maiores –, mas de modo geral é um passeio agradável. Ⓢ *3755 N.W. Hwy 17-92, Sanford • Mapa complementar • Aberto 9h-17h diariam • 407-323-4450 • Entr. paga • www.centralfloridazoo.org*

Arquitetura local, Mount Dora

10 Mount Dora

A 40km de Orlando, a encantadora Mount Dora parece extraída dos anos 1950. Seu pequeno centro não tem supermercados nem lojas de departamentos. A cidade vive da fabricação de objetos de época vendidos em dezenas de lojinhas na Donnelly Street e entorno, e também no Renninger's Antique & Flea Markets *(p. 67)*, nos limites da cidade. Quem gosta de trem vai adorar o passeio guiado no trenzinho do monte Dora, e o lago Dora é ótimo para passeios de barco. Ⓢ *Informações turísticas 1-352-383-2165 • Mapa complementar*

ARREDORES DE ORLANDO

Lake Buena Vista; Arredores do Lake Buena Vista

Walt Disney World® Resort e Lake Buena Vista

O MAIOR EMPECILHO PARA QUE A *Disneyland, o primeiro parque temático de Walt Disney, inaugurado em 1955, permanecesse na Califórnia era o fato de ocupar uma propriedade particular e não ter espaço para expandir. Um dia, em 1965, Disney sobrevoou a Flórida central e começou a comprar grandes extensões de terra. Na época, essa área do Estado do Sol só tinha pastagens para o gado, plantações de frutas cítricas e pântanos, e despertava pouco interesse. Hoje, os 121km² do Walt Disney World® Resort são uma entidade autossuficiente e basicamente autogerida (ligue 911 para conseguir emprego na Disney), com quatro grandes parques, dois parques aquáticos, inúmeras atrações menores e muitos hotéis e resorts, espalhados também pela área vizinha de Lake Buena Vista. Para algumas das 43 milhões de pessoas por ano que visitam esta terra encantada, são as férias dos sonhos, e muitas retornam para reviver a experiência.*

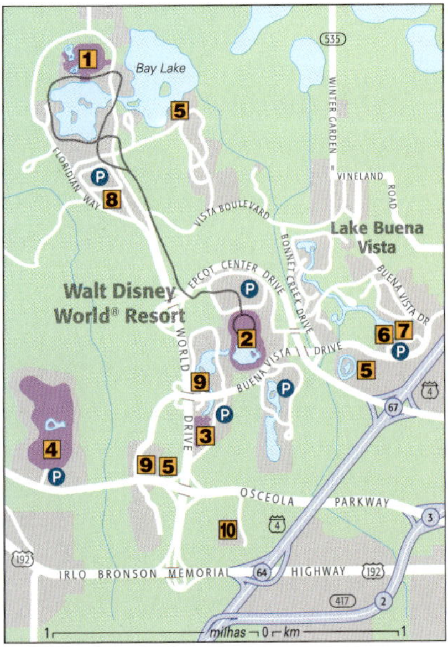

TOP 10 Destaques

1. Magic Kingdom®
2. Epcot®
3. Disney's Hollywood Studios®
4. Disney's Animal Kingdom® Park
5. Parques Aquáticos
6. Cirque du Soleil
7. DisneyQuest
8. Richard Petty Driving Experience
9. Fantasia Gardens & Winter Summerland Miniature Golf
10. ESPN Wide World of Sports

1 Magic Kingdom® Park

Adivinhe quem é o campeão dos parques temáticos. O primeiro parque Disney na Flórida continua sendo o mais popular do mundo *(pp. 8-11).*

2 Epcot®

Walt Disney sabia de algo que agradaria a adultos e crianças fãs da tecnologia: era o Epcot® *(pp. 12-5).*

3 Disney's Hollywood Studios®

Parque que diverte na frente, mas ensina por trás *(pp. 16-7).*

4 Disney's Animal Kingdom®

O quarto parque Disney é um lugar em que animais esquivos circulam livremente *(pp. 18-9).*

5 Parques Aquáticos

Há dois parques aquáticos no Disney World. O mais popular é o Typhoon Lagoon, réplica de uma praia de veraneio devastada por uma tempestade tropical, que recebe 7 mil pessoas por vez em seus brinquedos e atrações. O outro é Blizzard Beach, que simula uma estação de esqui derretida e é o preferido de quem adora escorregadores aquáticos. Seja qual for a intempérie que representam, porém, esses parques têm algo em comum: longas quedas a velocidades vertiginosas e tubos escuros que desorientam o visitante antes de atirá-lo, rindo ou berrando, numa piscina de ondas. Os horários de funcionamento dos parques são sazonais. Ligue para se informar *(p. 48).*

Typhoon Lagoon • Mapa G2 • 407-560-4141 • Entr. paga *Blizzard Beach • Mapa G1• 407-560-3400 • Entr. paga*

6 Cirque du Soleil

Agora que os circos sem animais são os preferidos, a companhia canadense Cirque du Soleil é a campeã do gênero. Seus shows fazem tanto sucesso que, além das turnês mundiais, também são apresentados em locais permanentes. O vigoroso espetáculo de Orlando, La Nouba, dura 90 minutos e tem seu clímax no *grand finale*, com 70 artistas executando um número magnífico em trampolins. O ingresso é caro, mas compensa. *Downtown Disney West Side • Mapa G2 • 407-939-7600 • Shows às 18h e 21h qui-dom • Entr. paga*

Cirque du Soleil

Para informações sobre passeios e atrações na Disney, e sobre horários de funcionamento atualizados, ligue 407-934-7639

Walt Disney

Walter Elias Disney tinha apenas 26 anos quando seu personagem mais famoso, Mickey Mouse, estreou no desenho animado *Steamboat Willie* (1928). Apesar do seu crescente sucesso no mundo cinematográfico – foi o primeiro a adotar som e technicolor –, Disney aspirava mais que cinema de animação. Ele inventou o parque temático, imaginado como filme em 3-D em que cada um poderia criar a própria história em um ambiente totalmente seguro, controlado e descontraído. O primeiro foi o Disneyland Park, na Califórnia, veículo perfeito para transmitir às massas os valores familiares e a nostalgia pela tradição, tão caros a Disney. Foi o único de seus parques a virar realidade antes de sua morte em 1966, de câncer de pulmão, onze anos após a inauguração.

7 DisneyQuest

Este parque temático fechado e interativo é dividido em cinco áreas e agrada a adultos e crianças. Os campeões da Explore Zone são os Pirates of Caribbean®: Battle for Buccaneer Gold e Alladin's Magic Carpet Ride. No primeiro, você embarca em uma escuna de dois mastros para brincar de gato e rato com piratas trapaceiros e monstros marinhos cheirando a algas. No segundo, veste um capacete de realidade virtual e faz uma viagem em 3-D à Gruta dos Tesouros para encontrar o gênio da lâmpada. Na Score Zone, prepare-se para testar sua habilidade de jogador. Não perca o Buzz Lightyear's Astroblasters, onde você entra em uma nave espacial e luta contra robôs gigantescos, e o Mighty Ducks Pinball Slam, o favorito de quem joga pinball. A Create Zone revela o designer que há dentro de você: construa uma montanha-russa (e depois a experimente em um simulador), ou aprenda a desenhar quadrinhos na Animation Academy. A Replay Zone é repleta de jogos, nos quais, pagando um pouco mais, você ganha tíquetes que podem ser trocados por prêmios. As filas são muito mais longas depois do almoço. ⓘ *Downtown Disney West Side • Mapa G2 • 407-828-4600 • Aberto 11h-22h dom-qui, até 24h sáb e dom • Entr. paga*

8 Richard Petty Driving Experience

Quem sempre sonhou dirigir um carro de corrida de 600 HP da Nascar ou ser copiloto em um deles já pode realizar seu sonho – e estabelecer novos recordes de velocidade. O formulário de duas páginas que os pilotos são obrigados a preencher pode deixá-los mais nervosos, mas este brinquedo nada tem de virtual. Você tem duas opções: pilotar ou copilotar. No último caso, você ocupa o banco do passageiro enquanto um profissional dirige na pista a 145km/h; a idade mínima é 16 anos. E no primeiro caso você passa algumas horas ou (se tiver dinheiro de sobra) alguns dias aprendendo a dirigir para disputar 30 voltas com outros carros (idade mínima: 18 anos). ⓘ *Walt Disney World Speedway • Mapa F1 • 800-237-3889 • www.drivepetty.com • Os horários variam • Entr. paga*

9 Fantasia Gardens & Winter Summerland Miniature Golf

Orlando e, em particular, o Walt Disney World® Resort têm ótimos campos de golfe *(pp. 54-5)*, mas nem todos jogam a sério ou têm habilidades profissionais. Estes dois minicampos de golfe têm 72 buracos de pura diversão. Inspirado no desenho animado *Fantasia*, o

Fantasia Gardens & Winter Summerland Miniature Golf

Fantasia Gardens tem dezoito buracos e tema de animais. Perto da Disney Hollywood Studios®, é o mais fácil dos dois campos, portanto, o melhor para crianças e principiantes. Winter Summerland é uma réplica em escala menor de um campo oficial, com buracos de areia, obstáculos com água, campos curtos sem obstáculos e buracos a 23m de distância. Escolha o campo de inverno ou o de verão. *Fantasia Gardens • Mapa G2 • Aberto 10h-23h diariam • 407-560-4582 • Entr. paga* *Winter Summerland • Mapa G1 • 407-560-3000 • Aberto 10h-23h diariam • Entr. paga*

10 ESPN Wide World of Sports®

O complexo esportivo da Disney é o centro de treinamento de primavera do time de beisebol Atlanta Braves (fev-mar), da Grande Liga, e da equipe de beisebol da liga menor Orlando Rays, agremiação rural que disputa o Tampa Bay Devil Rays (abr-set). É também o centro de inverno do time de basquete Harlem Globetrotters. As demais instalações nos 90ha do complexo, usado para outros esportes amadores e atletismo, são: centro de condicionamento físico; quadras de basquete, vôlei e tênis; campos de softball, futebol e lacrosse; centro de artes marciais; e áreas para golfe e automobilismo. O ESPN Wide World of Sports® também abriga a NFL Experience *(p. 56)*. Esportes radicais, como skatismo, patinação e ciclismo, agora também têm eventos especiais. *Mapa G2 • 407-939-1500 • Horários de funcionamento variam • Entr. paga*

Hidden Mickeys

A brincadeira Hidden Mickeys foi inventada há alguns anos pelos designers do parque. Hoje, as imagens escondidas do rato mais famoso do mundo são uma tradição na Disney: silhuetas das orelhas, da cabeça e orelhas ou só do corpo do Mickey surgem onde menos se espera nos parques e resorts. Elas estão por toda parte: na paisagem, nos murais pelos quais as filas passam e até no alto da Earffel Tower na Disney Hollywood Studios®. A brincadeira é contar quantas silhuetas você consegue ver. (www.hiddenmickeys.org)

Veja mais sobre Esportes e Atividades ao Ar Livre nas **pp. 56-7**

Mitsukoshi Department Store

TOP 10 Melhores Compras

1 House of Good Fortune
O melhor lugar para comprar artigos asiáticos, de estatuetas de jade a robes de seda, de móveis entalhados com madrepérola a sinos de vento. *China Pavilion, World Showcase, Epcot • Mapa G2 • Entr. paga*

2 Berber Oasis
As bancas da praça vendem tapetes berberes feitos à mão, caixas de osso de camelo e muito mais. É um mercado oriental sem o empurra-empurra característico. *Morocco Pavilion, World Showcase, Epcot • Mapa G2 • Entr. paga*

3 LEGO Imagination Center
As crianças adoram esta área para brincar à vontade com peças de LEGO. Enquanto isso, os pais fazem fila no caixa para comprar os últimos lançamentos da marca. *Downtown Disney Marketplace • Mapa G2*

4 Mitsukoshi Department Store
Aqui você compra belíssimos quimonos, espadas de samurai, bonsais, Disneyana japonesa e pipas. *Pavilhão Japonês, World Showcase, Epcot® • Mapa G2 • Entr. paga*

5 Harley-Davidson
Os fãs de motos podem comprar de roupa para bebês a jaquetas de couro com o logo da Harley, ou montar numa moto para a clássica foto. *Downtown Disney West Side • Mapa G2*

6 French Marketplace
Boa variedade de sabonetes finos, vinhos, perfumes de marcas, utensílios de cozinha e até a tradicional boina preta francesa. *France Pavilion, World Showcase, Epcot® • Mapa G2 • Entr. paga*

7 Art of Disney
Esta galeria é a única do gênero na Flórida. Tem esculturas, fotogramas de desenho animado e vários objetos de coleção Disney. *Downtown Disney Marketplace • Mapa G2*

8 Hoypoloi Gallery
Esta pequena galeria sensorial vende esculturas, cerâmicas e outras criações originais feitas com metal, pedra, argila e madeira. *Downtown Disney West Side • Mapa G2*

9 Mickey's Mart
Tudo o que há nesta loja entre Disney Tails e Disney at Home custa até US$10. E toda semana alguns produtos entram em liquidação. *Downtown Disney Marketplace • Mapa G2*

10 TrenD
O lado fashion do Mickey, com roupas e acessórios modernos, criativos, e peças únicas, como roupa orgânica para ficar em casa, bolsas, óculos e criações exclusivas de designers de prestígio. *Downtown Disney Marketplace • Mapa G2*

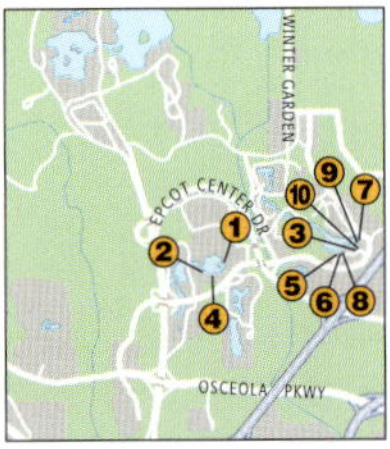

Esqueceu de comprar alguma coisa? Ligue 407-363-6200, diga o que é e onde viu para vender. Às vezes você consegue comprar por telefone.

Downtown Disney®

TOP 10 Atrações Noturnas

1 House of Blues®
Um dos melhores lugares de Orlando para música ao vivo, nos mais variados estilos *(p. 74).*
⊗ Downtown Disney West Side • Mapa G2 • 407-934-2583 • Entr. paga

2 Disney's BoardWalk®
À noite, esta passarela "à beira-mar" se enche de gente a apreciar o movimento dos restaurantes e das casas noturnas *(p. 46). ⊗ Mapa G2 • Grátis*

3 Downtown Disney®
Provavelmente é o melhor lugar da Disney para quem adora a noite, pela grande quantidade de bares e casas noturnas *(p. 46).*
⊗ Mapa G2 • Grátis para circular

4 Cirque du Soleil
Sob uma tenda em Disney's West Side, esta trupe circense tem acrobatas extraordinários *(p. 89).*

5 DisneyQuest
O paraíso dos maníacos por videogames, aqui as crianças podem criar e viajar na sua própria montanha-russa ou pilotar o navio dos Piratas do Caribe *(p.90).*

6 Bongo's Cuban Café
Este lugar, que lembra a Havana dos anos 1940 e 50, tem música ao vivo nos fins de semana. *(p. 75). ⊗ Downtown Disney, 1498 E. Buena Vista Dr • Mapa G2 • 407-828-0999 • Entr. paga aos sáb*

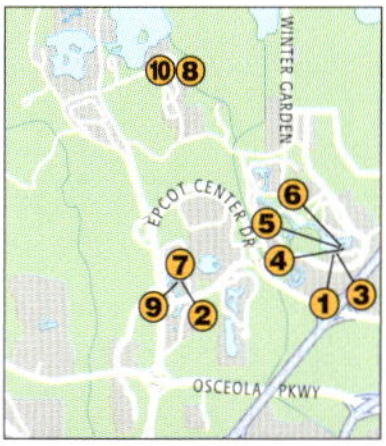

7 ESPN Club
Assista às grandes partidas em um telão, jogue jogos eletrônicos e assista a shows neste sports bar que serve hambúrgueres e carnes. *⊗ 2101 Epcot Resorts Blvd • Mapa G2 • 407-939-1177*

8 Hoop-Dee-Doo Musical Revue
Este é um show para toda a família que combina bufê de jantar com dança, canto e comédia country e western. Cervejas, vinhos e refrigerantes à vontade estão incluídos *(p. 80). ⊗ Disney's Fort Wilderness Resort • Mapa F1 • 407-WDW-DINE • 17h, 19h15 e 21h30 todas as noites*

9 Atlantic Dance Hall
Este salão de baile gloriosamente kitsch, estilo década de 1930, virou lugar para dançar junto com vídeos musicais e DJs. *(p. 75). ⊗ Disney's BoardWalk® • Mapa G2 • Fechado dom e seg • Entr. paga*

10 Chip 'n' Dale's Campfire Sing-A-Long
Aqui você terá muita cantoria, muito marshmallow assado na fogueira e um filme Disney diferente a cada noite. Aberto para todos – estacione na entrada de River Country e vá à festa de ônibus. *⊗ Meadow Trading Post, Fort Wilderness Campground • Mapa G2 • 407-824-2900 • Grátis • 20h (verão), 19h (resto do ano)*

É preciso ter mais de 21 anos para entrar nos clubes e bares de Orlando, e um documento com foto para comprovar a idade

Sanaa

TOP 10 Restaurantes de Resorts

1 Victoria & Albert's
Lugar absolutamente romântico, com cardápio internacional servido por garçons vestidos como Queen Victoria e Prince Albert *(p. 68)*. *Disney's Grand Floridian Resort & Spa • Mapa F1 • 407-824-1089 • Pratos vegetarianos a combinar com antecedência • Não tem cardápio infantil • $$$$$*

2 California Grill
Este restaurante simpático aos vegetarianos oferece excelente culinária californiana, em um ambiente romântico no 15º andar *(p. 68)*. *Disney's Contemporary Resort • Mapa F1 • 407-824-1576 • $$$$*

3 Dragon Court Chinese Buffet
Se você gosta de comida chinesa, não deixe de experimentar o bufê básico do restaurante, com grande variedade de pratos. *12384 Apopka-Vineland Rd • Mapa F2 • 407-238-9996 • $*

4 Jiko – The Cooking Place
Cozinha aberta e cardápio bastante criativo: o peixe assado em folha de bananeira é delicioso. *Disney's Animal Kingdom Lodge • Mapa G1 • 407-938-3000 • $$$$*

5 Artist Point
Bife ancho de bisão e costeleta de cordeiro empanada são duas ótimas opções. *Disney's Wilderness Lodge • Mapa F1 • 407-824-3200 • $$$$*

6 Emeril's Tchoup Chop
Culinária polinésia com toques de New Orleans. Os grandes destaques são os bolinhos e os caldos, seguidos de peixes cozidos em panelas de barro. *Royal Pacific Resort, 6300 Hollywood Way • Mapa T2 • 407-503-2467 • Não tem cardápio infantil • $$$$*

7 Sanaa
Cardápio africano com tempero indiano e delícias malpassadas, grelhadas em fogão a lenha ou assadas em forno de barro. *Disney's Animal Kingdom Lodge • Mapa G1 • 407-WDW-DINE • $$$$*

8 Columbia Restaurant Celebration
Delicie-se com o pompano recheado com carne de caranguejo ou caia de cabeça nas deliciosas lulas. *649 Front St • Mapa G2 • 407-566-1505 • $$$*

9 Wolfgang Puck's Café
Pizza na grelha, rolinhos de atum e risoto de abóbora são algumas das sugestões do aclamado chef californiano. *Downtown Disney West Side • Mapa G2 • 407-938-9653 • $$$$*

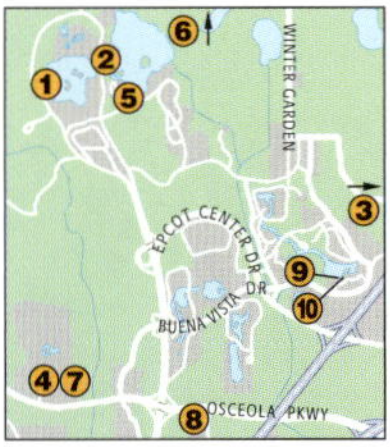

10 Portobello Yacht Club Restaurant
Boas pizzas de massa fina, massas e pratos italianos, como lombo de porco assado lentamente. *Downtown Disney • Mapa G2 • 407-934-8888 • $$$$$*

A menos que especificado, os restaurantes exigem reserva, proíbem o fumo, aceitam cartões, têm AD, AC, cardápio infantil e pratos vegetarianos

Coral Reef

Categorias de Preço

Refeição para uma pessoa com três pratos, uma taça de vinho, impostos e serviço.

$	até $20
$$	$20-$30
$$$	$30-$45
$$$$	$45-$60
$$$$$	acima de $60

TOP 10 Restaurantes de Parques Temáticos

1 Via Napoli
Maravilhoso restaurante de ambiente familiar, faz pizzas autênticas, com ingredientes da Itália e fornos a lenha gigantes. *Italy Pavilion, Epcot® • Mapa G2 • 407-939-3463 • $$$$*

2 Rainforest Café®
Culinária americana inspirada em sabores mexicanos, caribenhos e asiáticos, servida em decoração tropical. Som alto e crianças brincando. *Disney's Animal Kingdom • Mapa G1 • 407-939-3463 • Não exige o ingresso do parque • $$$$*

3 Coral Reef
Este é um ambiente de música clássica e imagens de aquário. Prove o peixe com legumes. *Living Seas Pavilion, Epcot • Mapa G2 • 407-939-3463 • $$$$*

4 Cinderella's Royal Table
O cardápio excelente do restaurante do castelo é liderado pela torta de prime rib. *Fantasyland, Magic Kingdom • Mapa F1 • 407-939-3463 • Pratos vegetarianos a combinar com antecedência • Não serve bebida alcoólica • $$$$*

5 Akershus
Neste restaurante, a cozinha norueguesa (arenque, salada de batata, carne de caça cozida) é servida em um castelo medieval. *Norway Pavilion, Epcot • Mapa G2 • 407-939-3463 • $$$*

6 Hollywood Brown Derby
Típicas receitas do sul da Califórnia, como atum frito e bolo de grapefruit com cream cheese gelado. *Disney's Hollywood Studios • Mapa G2 • 407-939-3463 • Reservar; pratos vegetarianos a combinar com antecedência • $$$$*

7 San Angel Inn
Prove mole poblano (frango apimentado com chocolate) ou filé com feijão-preto e banana frita neste restaurante da "fronteira". *Mexico Pavilion, Epcot • Mapa G2 • 407-939-3463 • $$$*

8 Rose & Crown Pub & Dining Room
Este pub serve pratos típicos britânicos, como linguiça com purê de batata e pastelões da Cornualha. *UK Pavilion, Epcot • Mapa G2 • 407-939-3463 • Pratos vegetarianos a combinar com antecedência • $$$*

9 Chefs de France
Três chefs franceses montaram este restaurante de aromas e sabores gauleses. *France Pavilion, Epcot • Mapa G2 • 407-939-3463 • Pratos vegetarianos a combinar com antecedência • $$$$*

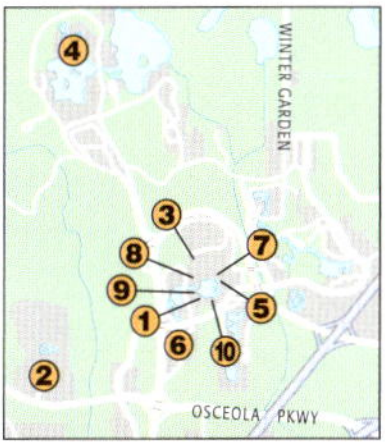

10 Liberty Tree Tavern
Peru assado, alcatra e presunto servidos em ambiente colonial. *Liberty Sq, Magic Kingdom • Mapa F1 • 407-939-3463 • Pratos vegetarianos a combinar com antecedência • Não serve álcool • $$$*

Veja mais sobre assento prioritário no Walt Disney World® Resort na p. 134

Wet'n Wild®; Universal Studios®

Área da International Drive

CONSIDERADA O CENTRO TURÍSTICO *de Orlando, a International Drive é um trecho de 16km que abrange cinco parques temáticos, inúmeras atrações que funcionam dia e noite, inclusive o complexo de lazer CityWalk® da Universal e o segundo maior centro de convenções dos EUA. Isso se soma às centenas de hotéis e resorts para todos os orçamentos, aos shopping centers e às lojas de fábrica, aos restaurantes temáticos e lanchonetes. Como um todo, é uma zona agitada que, apesar dos letreiros de néon de um extremo a outro e o visual excessivo, tornou-se séria concorrente da Disney World, por atrair visitantes que preferem ficar longe das garras do Mickey, mas perto de onde tudo acontece.*

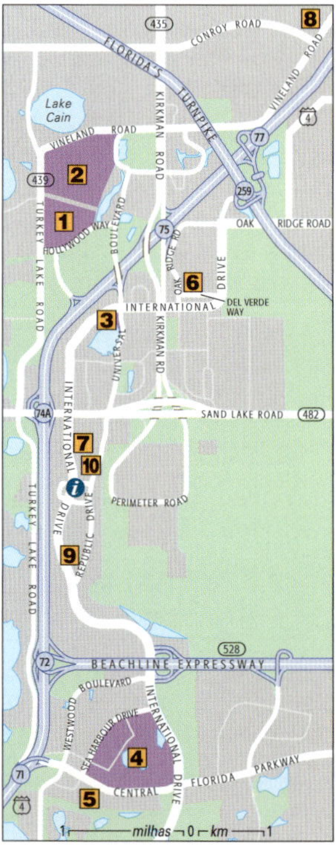

CityWalk®, Universal Orlando®

TOP 10 Destaques

1. Islands of Adventure®
2. Universal Studios Florida®
3. Wet'n Wild®
4. SeaWorld® Orlando
5. Discovery Cove®
6. Fun Spot America
7. Ripley's Believe It or Not!® Odditorium
8. Holy Land Experience
9. WonderWorks
10. Titanic – The Experience

Islands of Adventure®

1 Islands of Adventure®

O acréscimo do Mundo Mágico de Harry Potter™ às atrações deixou este parque ainda mais popular *(pp. 20-3)*.

2 Universal Studios Florida®

Em parte estúdio, em parte atração, seus brinquedos com temas de cinema e shows conseguem colocar os visitantes dentro dos filmes *(pp. 24-7)*.

3 Wet'n Wild®

O Wet'n Wild® está, sem dúvida, entre os melhores parques aquáticos de Orlando para nadar e tomar sol, com seus muitos escorregadores e brinquedos *(pp. 34-5)*.

4 SeaWorld® Orlando

Orcas, golfinhos e outras atrações animais são uma descontraída alternativa aos brinquedos velozes e personagens de quadrinhos que dominam os outros parques *(pp. 28-31)*.

5 Discovery Cove®

Mesmo estando na Orlando continental, você pode realizar suas fantasias tropicais de nadar ao lado de golfinhos e flutuar sobre recifes de coral na Discovery Cove®. A principal atração é o nado com golfinhos (as sessões duram cerca de uma hora), mas relaxar nas praias de areia fofa e mergulhar com snorkel em lagoas de água doce e salgada são programas igualmente elogiados. O ingresso não é barato (sobretudo porque a lotação máxima é de mil visitantes diários), mas você recebe tudo o que precisa para passar o dia, incluídos aí o bloqueador solar, o almoço e o equipamento de mergulho, além de um passe de sete dias para o SeaWorld®. As crianças podem sentir falta de atrações emocionantes, mas há inúmeras atividades para elas aqui. O parque foi reformado entre 2012 e 2013 *(p. 48)*. *6000 Discovery Cove Way • Mapa T6 • 407-370-1280 • Aberto 9h-17h30 diariam • Entr. paga*

Discovery Cove®

6 Fun Spot America

Este parque de diversões com jogos eletrônicos tem de tudo para despertar sua criança interior. São quatro pistas para kart, duas rodas-gigantes imensas e a maior SkyCoaster do mundo. E também barcos e carros de trombada, uma roda-gigante com 30m de altura, cem jogos eletrônicos e área para crianças com balanços, trem, xícaras giratórias e ursos voadores *(p. 44)*. *5551 Del Verde Way, Orlando • Mapa U2 • 407-363-3867 • Aberto 12h-23h seg-sex, 10h-23h sáb-dom • Grátis (mas brinquedos e jogos têm preços variados) • Idade mínima para kart: 10 anos*

Fun Spot America

Ripley's Believe It or Not!® Odditorium

7 Ripley's Believe It or Not!® Odditorium

Mesmo quem não gosta de coisas estranhas vai adorar o Ripley's. Esta rede internacional de atrações exibe as fantásticas descobertas de Robert Ripley em 40 anos de aventuras, publicadas em mais de 300 jornais e lidas por 80 milhões de pessoas. Em Orlando, o museu tem um modelo em tamanho natural de um Silver Ghost Rolls Royce de 1907 (com as partes móveis funcionando) construído com 1.016.711 palitos de fósforo e 36 litros de cola; uma flauta feita com ossos humanos; um mosaico da Mona Lisa feito com torradas; cabeças encolhidas; uma vaca com cinco patas e um retrato de Van Gogh feito com 3 mil cartões postais. Há também um homem holográfico de 485 quilos e filmes bizarros, como de pessoas que engolem cabides *(p. 44)*. *8201 International Dr • Mapa T3 • 407-363-44 18 • Aberto 9h-24h diariam • Entr. paga*

The Peabody Ducks

Tudo começou com uma brincadeira, mas hoje os cinco patos que residem no Peabody Hotel *(p. 143)* talvez sejam as maiores e mais inusitadas celebridades da I-Drive. Como VIPs que são, eles passam a maior parte do dia em sua casa de vidro de 100 mil dólares, o "Duck Palace" (Palácio do Pato). O espetáculo começa com eles atravessando o lobby do hotel duas vezes ao dia (às 11h e 17h), liderados por um pato de casaco vermelho, em direção à fonte do lobby ou voltando dela.

8 The Holy Land Experience

O ministro batista Marvin J. Rosenthal inaugurou seu parque temático religioso, uma réplica em meia escala do Templo do Grande Rei que existiu em Jerusalém no século I. O parque transporta os visitantes a 11.200km de distância e 3 mil anos atrás, à Jerusalém dos tempos bíblicos (mais precisamente de 1.450 a.C. a 66 d.C.). Aqui estão as cavernas de calcário onde foram encontrados os pergaminhos do mar Morto e o túmulo de Jesus; Bíblias raras e manuscritos bíblicos; e atores que representam personagens bíblicos e contam histórias do Antigo e do Novo Testamento. Um café serve pratos do Oriente Médio *(p. 44)*. *4655 Vineland Rd • Mapa D4 • 407-872-2272 • Aberto 10h-18h, às vezes até mais tarde; fechado dom e seg • Entr. paga*

The Holy Land Experience

9 WonderWorks

Primeiro, veja de fora: é um edifício clássico de cabeça para baixo sobre o telhado de um barracão. Dentro, há 85 mostras interativas. As atrações são um simulador de terremoto; a Bridge of Fire, onde você sentirá os cabelos eriçarem, literalmente, ao experimentar 250 mil watts de eletricidade estática; e o Virtual Hoops, que utiliza a mais recente tecnologia do cinema para pôr você na TV jogando basquete contra os melhores atletas da NBA. Experimente também o Virtual Hang Gliding, e voe como um pássaro sobre o Grand Canyon, e a WonderCoaster, que testa suas habilidades como projetista de montanha-russa e depois seus nervos a bordo de sua própria criação em um simulador. WonderWorks também tem um espaço de *laser-tag* e um espetáculo de mágica duas vezes por noite, ambos com ingressos separados *(p. 45)*.
Pointe Orlando, 9067 International Dr • Mapa T4 • 407-351-8800 • Aberto 9h-24h diariam • Entr. paga

WonderWorks

10 Titanic – The Experience

Os 200 artefatos exibidos incluem um colete salva-vidas e uma cadeira de deque que foram recuperados do navio naufragado, além da lista dos passageiros da segunda classe. Há réplicas em tamanho natural de partes do transatlântico, como a imponente escadaria e os objetos de cena dos três principais filmes sobre o *Titanic* – inclusive um dos figurinos usados por Leonardo DiCaprio. Atores vestidos a caráter representam fatos que ocorreram durante a fatídica viagem e contam histórias sobre o supostamente indestrutível navio da White Star Line. Em sua maioria, os pertencem a colecionadores do Reino Unido e dos EUA *(p. 44)*. *8267 International Dr • Mapa T3 • 407-248-1166 • Horários variam • Entr. paga*

Titanic – The Experience

I-Ride Trolley

Uma das melhores coisas da I-Drive é o turístico I-Ride Trolley, que percorre tudo que a área tem a oferecer. Trata-se de um jeito bom e barato de circular nesta parte da cidade, sem ter de enfrentar o trânsito muito pesado da I-Drive ou caminhar sob o sol escaldante. Ao longo do itinerário, o trolley tem 78 pontos de parada, que ficam próximos das principais atrações, shopping centers, hotéis e restaurantes *(p. 127)*.

Ice Bar; Ripley's Believe It or Not! Odditorium; Sports Dominator

TOP 10 I-Drive Surpreendente

1 Sheraton Studio City Hotel
Este hotel circular de 21 andares tem um imenso globo no seu teto. *5905 International Dr • Mapa T2*

2 Titanic – The Experience
Reviva o naufrágio, ouça relatos pessoais dos passageiros e admire a recriação esplendorosa e detalhada do luxuoso transatlântico *(p. 99)*.

3 Pirate's Cove Adventure Golf
A visão de navios piratas e cachoeiras neste megalocal de minigolfe é algo surpreendente na I-Drive, sem falar no ruído dos disparos de canhão. *8501 International Dr • Mapa T3 • 407-352-7378*

4 Bargain World
A entrada desta loja é um grande disco voador. Um gigantesco marciano verde em traje de passeio segura um bastão e é iluminado pela espaçonave. *8520 International Dr • Mapa T2 • 407-352-7100*

5 Sports Dominator
Grandes medalhas com a efígie de ídolos do esporte ladeiam a entrada – um musculoso jovem de calça apertada parece saído do grupo Village People. *6464 International Dr • Mapa T2 • 407-354-2100*

6 Ice Bar
Sempre tem alguma coisa interessante acontecendo neste gelado cocktail bar, seja karaokê, aulas de dança de salão ou mesmo DJs. Não deixe de levar casaco quando for visitá-lo! *8967 International Dr • Mapa T2*

7 Ripley's Believe It or Not! Odditorium
Pela arquitetura, parece que se abriu aqui um sumidouro e o prédio foi quase engolido *(p. 98)*.

8 iFLY
Observe de perto este prédio azul e roxo e verá que as pessoas parecem flutuar – aproxime-se mais e verá que elas estão realmente voando *(p. 45)*.

9 WonderWorks
Segundo consta, um tornado atingiu este prédio de quatro andares e atirou-o de cabeça para baixo sobre um barracão de tijolos dos anos 1930. Talvez a história seja invenção, mas é surpreendente *(p. 99)*.

10 Air Florida Helicopters
Com voos a partir de US$20 (crianças) e US$25 (adultos), não há razão para não ter uma visão panorâmica da cidade. *8990 International Dr • Mapa T4 • 407-354-1400 • 9h30-20h diariam*

Veja mais sobre dicas de compras em Orlando na **p. 132**

Edwin Watts Golf National Clearance Center; Lojas na I-Drive

TOP 10 Lojas e Outlets da I-Drive

1 Nike Factory Store

Coleção imensa dos produtos que levam o inconfundível símbolo da Nike, todos com desconto. *Orlando Premium Outlets International, 5201 W. Oak Ridge Rd • Mapa U1 • 407-351-9400*

2 Kenneth Cole

Os últimos lançamentos de sapatos da marca Cole e ofertas de bolsas e roupas com 25% de desconto. *Orlando Premium Outlets Internationa, 5247 International Dr • Mapa U1 • 407-903-1191*

3 Orlando Premium Outlets International

Mais de 170 lojas com as mais atraentes ofertas; certamente você encontrará o que precisa. *5401 W. Oakridge Rd • Mapa U1 • 407-352-9611*

4 Bass Pro Shops Outdoor World

Repleto de equipamento para pesca, golfe, camping e caça. É o paraíso dos aventureiros. *5156 International Dr • Mapa U1 • 407-563-5200*

5 Coach Factory Store

Tudo de couro, dos modelos tradicionais aos últimos lançamentos de bolsas, jaquetas e malas. *Orlando Premium Outlets International, 5269 International Drive • Mapa U1 • 407-352-6772*

6 Edwin Watts Golf National Clearance Center

Assim como os carros, os campos de golfe também têm seus modelos do ano. Esta loja oferece a última palavra em equipamento a preços convidativos. *7024 International Dr • Mapa T3 • 407-352-2535*

7 Brooks Brothers Outlet

Grande variedade de roupas esportivas para homens e mulheres, com pelo menos 40% de desconto. *Orlando Premium Outlets International, 8200 Vineland Ave • Mapa G3 • 407-363-5918*

8 Off 5th

Como as lojas da Saks Fifth Avenue, este outlet carrega nas etiquetas de alta moda e tem rápida rotatividade. *Orlando Premium Outlets International, 5253 International Dr • Mapa U1 • 407-354-5757*

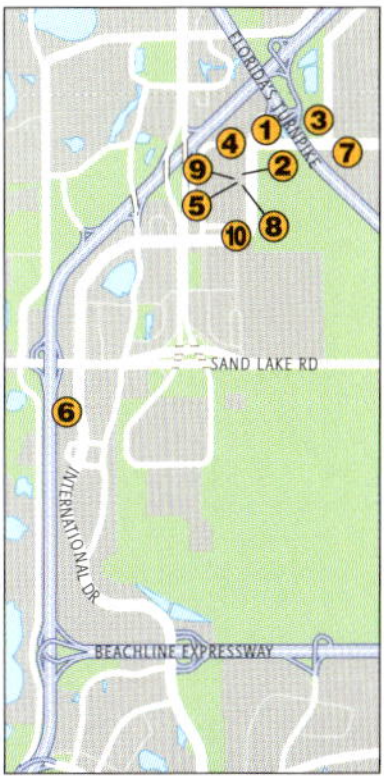

9 Oshkosh B'Gosh

Esta empresa americana faz roupa infantil bem durável, como os casacos que tornaram a marca famosa. *Orlando Premium Outlets International, 5401 International Dr • Mapa U1 • 407-352-6414*

10 Divers Direct Outlet

Este outlet de preços irresistíveis tem de tudo para aventuras submarinas. *5368 International Dr • Mapa U1 • 407-363-2883*

As lojas da I-Drive ficam abertas 10h-22h seg-sáb e 12h-18h dom

Stage
Wraps

UNIVERSAL
CINEPLEX
Parking
Universal Cineplex

Bob Marley – A Tribute To Freedom; Red Coconut Club; Hard Rock Live

TOP 10 Bares, Clubes e Diversão

1 Hard Rock Live
Um dos melhores lugares para ouvir música ao vivo (rock nacional/local e R&B); sistema de som de última geração *(p. 74)*. *CityWalk • Mapa T1 • 407-351-5483 • Entr. paga*

2 The Groove
Usina de som para dançar, movida a batidas de DJs, com lounges tranquilos para se refrescar *(p. 77)*. *CityWalk • Mapa T1 • 407-224-3663 • Acima de 21 anos • Entr. paga*

3 Jimmy Buffet's Margaritaville
A meca dos Parrot Heads ou de quem quer apenas se divertir num autêntico ambiente tropical. Ótima bebida, comida e diversão ao vivo quase todas as noites. *Universal CityWalk • Mapa T1 • 407-224-2155*

4 Howl at the Moon Rock'n'roll Dueling
Duelos entre pianos de rock'n'roll e drinques típicos do local fazem desta agitada casa noturna um reduto divertido para adultos. *8815 International Dr • 407-354-5999 • Mapa T4 • Entr. varia*

5 Lucky Leprechaun
Karaokê todas as noites neste animado e concorrido bar em estilo irlandês; ótimas cervejas irlandesas. *7032 International Dr • Mapa T4 • 407-352-7031*

6 Latin Quarter
Aqui tudo é latino – da comida às aulas de dança. Uma banda latina com treze integrantes toca quase todas as noites. *CityWalk • Mapa T1 • 407-224-2800 • Entr. paga após 22h qui-sáb*

7 Adobe Gilas
Clientela de 20 e poucos anos neste restaurante/bar (com 65 variedades de tequila) e dança a noite toda *(p. 75)*. *Pointe Orlando, 9101 International Dr • Mapa T4 • 407-903-1477 • Grátis • AD*

8 Bob Marley – A Tribute To Freedom
Aqui, reggae ao vivo e ao ar livre é a grande atração; as bandas são todas ótimas. *CityWalk • Mapa T1 • 407-224-2690 • Maiores de 21 anos só após 22h • Entr. paga em algumas noites*

9 Cricketers Arms Pub
Um pedacinho da Inglaterra, com futebol europeu nas TVs, dardos e vinte tipos de cervejas em garrafas. *Mercado, 8445 International Dr • Mapa T3 • 407-354-0686 • Grátis*

10 Red Coconut Club
Um bem montado lounge estilo anos 1950, com três bares em dois andares, mais música ao vivo e DJs. *CityWalk • Mapa T1 • 407-224-3363 • Entr. paga ocasional*

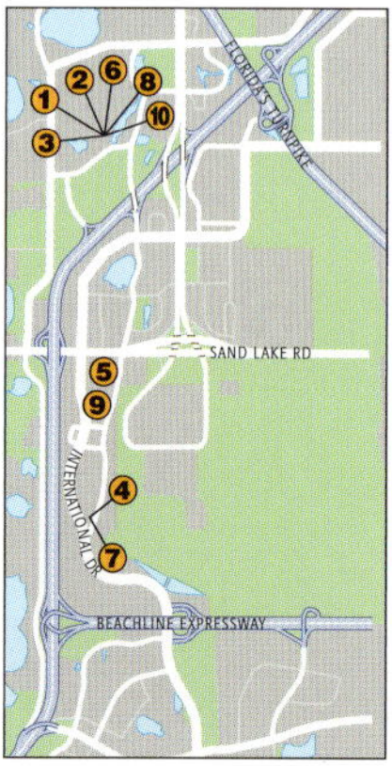

As idades mínimas (18 ou 21 anos) para shows e casas noturnas variam. Traga documento com foto para não ter que voltar da porta.

Cuba Libre

Categorias de Preço

Refeição para uma pessoa com três pratos, uma taça de vinho, impostos e serviço.

$	até $20
$$	$20-$30
$$$	$30-$45
$$$$	$45-$60
$$$$$	acima de $60

TOP 10 Onde Comer

1 Café Tu Tu Tango
Obras de artistas locais decoram as paredes deste restaurante em estilo latino. Serve sopa de feijão preto, camarões fritos e quesadillas, entre outros. *8625 International Dr • Mapa T3 • 407-248-2222 • $$*

2 Fiorella's Cucina Toscana
Várias especialidades italianas de alto nível, artesanais, num restaurante de hotel dentro do The Westin Imagine Orlando *(p. 69)*. *9501 Universal Blvd • Mapa T4 • 407-233-2950 • $$$*

3 Roy's
Pratos havaianos fusion, como peixe mahi-mahi salteado em óleo de gergelim no molho tailandês de curry vermelho. *7760 W. Sand Lake Rd • S3 • 407-352-4844 • $$$$*

4 Everglades
Restaurante de hotel, informal, intimista, com um chef criativo e ótimos grelhados e frutos do mar. *9840 International Dr • Mapa T3 • 407-996-2385 • $$$*

5 Seasons 52
O cardápio sazonal destaca legumes grelhados, caranguejo com recheio de cogumelos e pães de alecrim e parmesão. Todos os pratos têm baixas calorias. *7700 W Sandlake Road • 407-354-5212 • Não tem cardápio infantil • $$$*

6 Cuba Libre
Localizado no pátio de uma hacienda cubana, o Cuba Libre serve a culinária do país e exibe shows coreografados nas noites de sábado. *Pointe Orlando, 9101 International Dr • Mapa T4 • 407-226-1600 • $$$$*

7 NBA City
Aqui, você pode torcer pelo seu time na TV enquanto come. Nos intervalos, aproveite para dar uma olhada nas lembranças da NBA expostas nas paredes. *Universal CityWalk • Mapa T1 • 407-363-5919 • $$*

8 Bahama Breeze
O cardápio e as aguardentes caribenhas são garantia de muito prazer, mas prepare-se para esperar até duas horas pela mesa. *8849 International Dr • Mapa T4 • 407-248-2499 • Não faz reservas • $$$*

9 Chili's Grill & Bar
Uma das melhores cadeias de comida Tex-Mex, serve fajitas, sanduíches e grelhados, entre outros pratos, com opções menos gordurosas. *7021 International Dr • T2 • 407-352-7618 • $$$*

10 The Palm
Filés benfeitos, servidos em porções grandes (acima de 1,2kg para duas pessoas); mas não despreze a lagosta. *Hard Rock Hotel, 5800 Universal Blvd • Mapa T1 • 407-503-7256 • $$$$$*

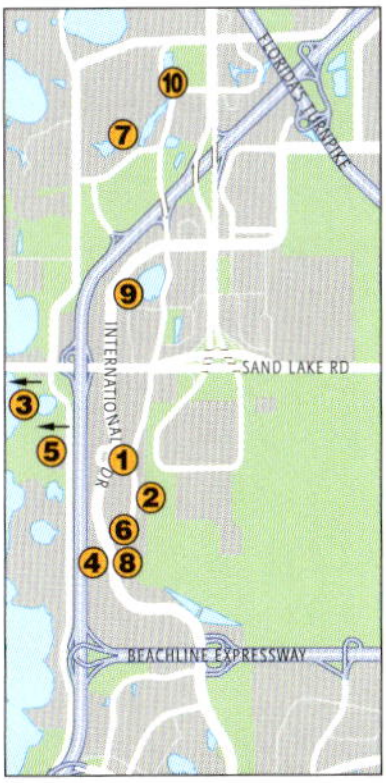

A menos que especificado, os restaurantes exigem reserva, proíbem o fumo, aceitam cartões, têm AD, AC, cardápio infantil e pratos vegetarianos

Osceola County Historical Museum & Pioneer Center; Gatorland

Kissimmee

O QUE JÁ FOI UMA CIDADE DE VAQUEIROS *tornou-se há algumas décadas um enclave de hotéis econômicos para turistas do Disney World®. Mas Kissimmee tem muito mais a oferecer além de hospedagem barata. Embora a U.S. 192 (também conhecida como Irlo Bronson Memorial Highway) seja apinhada de shopping centers e hotéis – é o próprio inferno turístico –, o centro de Kissimmee (em torno das ruas Broadway e Emmet) data do início dos anos 1890, com bonitos prédios baixos que abrigam lojas de presentes e antiguidades. A área em torno da U.S. 192 é relativamente preservada, o que garante fácil acesso às riquezas naturais da Flórida em Kissimmee. É grande a oferta de passeios ao ar livre para o visitante que quer se afastar por um tempo dos parques.*

Downtown Kissimmee

TOP 10 Destaques

1. Gatorland
2. Celebration
3. World of Orchids
4. Osceola County Historical Museum & Pioneer Center
5. Green Meadows Petting Farm
6. Lakefront Park
7. Old Town
8. Reptile World Serpentarium
9. Forever Florida – Florida Eco-Safaris
10. Silver Spurs Rodeo

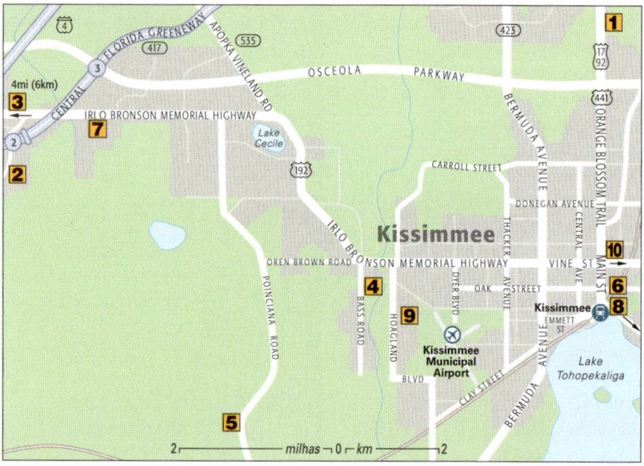

World of Orchids

1 Gatorland

Gatorland é o parque temático original de Orlando, inaugurado há mais de 50 anos como posto afastado à beira do pântano, mas que hoje abriga mais de mil aligatores, crocodilos e cobras. O que oferece? A chance de ver, a uma curta distância, esses animais misteriosos que não parecem muito diferentes de seus ancestrais pré-históricos. Os visitantes caminham sobre uma passarela de madeira pelos lagos repletos de aligatores, munidos de cachorros-quentes que são atirados na boca dos animais. Uma atração bizarra, mas inusitada *(p. 44)*. *14501 S. Orange Blossom Trail • Mapa G4 • 800-393-5297 • Aberto 9h-anoitecer diariam • Entr. paga*

2 Celebration

Quando Walt Disney concebeu o Epcot® *(pp. 12-5)*, visualizou uma comunidade residencial empenhada em testar na prática tecnologias futuristas. Ele morreu, e esse sonho só voltou a ser lembrado anos depois. Já Celebration, em vez de olhar para o futuro, homenageia o passado no clichê de uma típica cidade dos EUA (como no filme *O Show de Truman*). As casas são bem-cuidadas, o centro tem bons restaurantes e um cinema, tudo é limpo e organizado. Não é exatamente uma atração, mas algo que merece ser visto. *Localizada em E. da I-4, na Saída 25. Entre à direita na Celebration Ave e siga as placas • Mapa G2*

3 World of Orchids

Este lugar tranquilo e extraordinário foi fundado em 1983 por um casal que se mudou para o norte quando seu orquidário em Miami foi destruído pelo furacão Andrew. São mais de mil orquídeas exibidas nesta estufa e espalhadas ao longo de uma caminhada junto à natureza, tudo muito verde e bem-cuidado *(p. 45)*. *2501 Old Lake Wilson Rd • Mapa H1 • 407-396-1887 • Aberto 9h30-16h30 seg-sáb • Grátis*

4 Osceola County Historical Museum & Pioneer Center

Este museu ao ar livre dá uma ideia de como era Kissimmee antes da Disney. Tudo se concentra em duas construções do final de 1800 em estilo *cracker*, ambas de madeira de cipreste e ligadas por uma passagem coberta por onde o ar circula – uma espécie de ar-condicionado primitivo. Uma delas é uma moradia simples, a outra é um armazém geral adaptado que vende livros de histórias locais, artesanato e guias da área preservada em frente. *750 N. Bass Rd • Mapa H3 • 407-396-8644 • Aberto qui-dom 10h-16h • Entr. paga*

Green Meadows Petting Farm

5 Green Meadows Petting Farm

Este lugar educativo agrada muito aos que querem ordenhar uma vaca, cavalgar um pônei ou conhecer de perto 300 animais de fazenda que aqui vivem. Oferece um passeio guiado de duas horas e instalações para piquenique. ⊗ *1368 S. Poinciana Blvd • Mapa H3 • 407-846-0770 • Aberto 9h30-16h diariam • Entr. paga*

Lakefront Park

6 Lakefront Park

Este parque oferece uma série de atrativos, como pavilhões, áreas para piquenique e playgrounds, e apresenta vários concertos e eventos da comunidade. Tem alguns quilômetros de trilhas para caminhantes, joggers, skatistas e ciclistas – um exemplo é a da beira do lago Tohopekaliga, uma das preferidas dos observadores de pássaros. Conta também com belas praias, um píer de pesca e uma esplêndida marina. O parque dá acesso ao bairro histórico de Kissimmee e é próximo do Chisholm Park e do Peghorn Nature Park *(p. 48)*. ⊗ *1104 Lakefront Blvd, St. Cloud • Mapa H6*

7 Old Town

Basicamente, é um shopping para turistas, com 75 lojas que oferecem os presentes usuais, novidades e suvenires. O que o diferencia dos demais são as ofertas de lazer: um bonito parque de diversões com dezoito brinquedos, Laser-Tag, uma Casa Assombrada, carrossel, apresentações de música ao vivo e uma exposição de carros antigos nas noites de sexta e sábado. É um excelente programa para a família e não cobra entrada porque os brinquedos são pagos separadamente. Nas noites de verão, você se sente em uma autêntica feira estadual. ⊗ *5770 W. Irlo Bronson Hwy • Mapa G2 • Aberto 10h-23h diariam • Grátis*

8 Reptile World Serpentarium

É uma atração educativa, mas com todos os ingredientes para deixar o visitante arrepiado, como observar um técnico extrair veneno de cobras comuns, cascavéis e outras serpentes mortais. Dentro do serpentário, há uma exposição com 60 espécies de répteis, que é a maior do gênero na Flórida central *(p. 45)*. ⊗ *5705 E. Irlo Bronson Memorial Hwy (5,6km [3,5 milhas] a leste de St. Cloud) • Mapa H6 • 407-892-6905 • Aberto 9h-17h30 ter-dom • Entr. paga*

Forever Florida – Florida Eco-Safaris

9 Forever Florida – Florida Eco-Safaris

A visita a este rancho de gado e reserva natural é uma viagem de volta à Velha Flórida. A experiência Forever Florida baseia-se na herança do caubói *cracker* da Flórida. Faça um passeio a cavalo ou a bordo de um alto carroção

Carros antigos, Old Town

cracker, e à noite saboreie uma deliciosa refeição no Cypress Restaurant. *4755 N. Kenansville Road, St. Cloud • 407-957-9794 • Eco-Safaris no Safari Coaches às 10h e 13h diariam • www.foreverflorida.com*

10 Silver Spurs Rodeo

O maior rodeio a leste do Mississippi reúne os melhores caubóis profissionais várias vezes ao ano. O Silver Spurs Rodeo existe desde 1944; até 1950 ocupava uma área a céu aberto contruída para esse fim, que em 2002 foi substituída pela moderníssima e climatizada Silver Spurs Arena, que também é usada em grandes jogos e concertos, entre outros eventos, mas está associada principalmente às emoções do rodeio em sela americana, em touros e Bulldog. *Osceola Heritage Park, 1875 Silver Spur Lane • Mapa H5 • 407-67-RODEO • www.silverspursrodeo.com*

Silver Spurs Rodeo

Um Dia em Kissimmee

Manhã

Por toda a área há muitos bufês de café da manhã com sucos naturais, omeletes e muito mais. Entre no mais próximo para começar seu dia. Como a manhã é mais fresca e com menos insetos do que à tarde, depois de comer faça um passeio autoguiado pelos pântanos pela **Airboat Rentals You Drive** *(p. 110)*. Afaste-se o máximo possível da estrada, desligue o motor e ouça: a Flórida era assim no passado. Na hora do almoço, vá para a histórica Downtown de Kissimmee e experimente o Azteca's (809 N. Main St), um restaurante Tex-Mex pequeno e original. Cuidado para não pedir nada "very hot" (muito quente); talvez o cozinheiro tome isso como um desafio e use tanta pimenta que sua cabeça voará pelos ares.

Tarde

Saia de Downtown e dirija até Gatorland. Os aligatores que povoam as margens dos lagos são a grande atração. Turistas aventureiros fazem a Swamp Walk (Caminhada pelo Pântano), passando por currais de crocodilos e vendo o pântano dos aligatores do alto de uma torre. Há quatro shows com animais, mas, se o tempo for curto, os imperdíveis são Gator Jump-A-Roo e Gator Wrestling.

Noite

Para jantar, o **Pacino's Italian Ristorante** *(p. 111)* é muito procurado graças a seus deliciosos pratos italianos e pizzas. Depois, vá de carro até **Old Town**, onde as crianças podem se divertir nos brinquedos enquanto os adultos ficam sentados nos bancos, tomando sorvete.

Passeio de airboat, Boggy Creek; Pescaria em Kissimmee; Warbird Adventures

TOP 10 Atividades de Lazer

1 East Lake Fish Camp

À beira do lago, fornece de varas de pesca a barcos, iscas e lugares para dormir. Às vezes você consegue fisgar uma perca ou um salmão. *3705 Big Bass Rd • Mapa complementar • 407-348-2040 • Entr. paga • Não há AD*

2 Extreme Jet Ski

Alugue um jetski, ou três, e leve a família para se divertir no lago Cecile. *4914 W. Irlo Bronson Memorial Hwy • Mapa G3 • 407-390-9200 • Entr. paga • Não há AD*

3 Warbird Adventures

Voe em um antigo T-6 Texan norte-americano ou num helicóptero Bell 47. Se quiser, você pode assumir os controles e ter uma experiência mais completa, gravada em DVD. *233 N. Hoagland Blvd • Mapa H3 • 407-870-7366*

4 Thompson Aire

Sobrevoe a Disney e a parte rural de Kissimmee num balão de ar quente. Voos diários, ao nascer do sol. *13825 Avalon Rd • Map G1 • 407-421-9322 • Entr. paga • Não há AD*

5 Osceola Center For The Arts

Quem faz questão de cultura encontra desde teatro a apresentações musicais e exposições. *2411 E. Irlo Bronson Memorial Hwy • Mapa H5 • 407-846-6257 • Entr. paga*

6 Boggy Creek Airboat Rides

Estes barcos para dezoito passageiros fazem passeios regulares de observação da vida selvagem durante o dia e excursões especiais de uma hora à noite. *3702 Big Bass Rd • Mapa complementar • 407-344-9550 • Entr. paga*

7 The Ice Factory

Fuja do sol e venha patinar nesta pista de gelo, que também tem playground para as crianças. *2221 Partin Settlement Rd • Mapa H5 • 407-933-4259 • Entr. paga • Não há AD*

8 Falcon's Fire Golf Club

Este campo de golfe muito bem-cuidado é considerado um dos melhores da Flórida. *3200 Seralago Blvd • Mapa G3 • 407-239-5445 • www.falconfire.com • Entr. paga • Não há AD*

9 Central Florida Guide Service

Um serviço de guias profissionais organiza pescarias nos melhores lagos da Flórida. *1326 Sweetwood Blvd • Mapa H4 • 407-908-4600 • Entr. paga • www.floridabassfishing.com*

10 Horse World Riding Stables

Faça um passeio a cavalo por 300ha de trilhas de terra. Outras opções são passear de pônei e em carroças de feno e ver os animais de criação da fazenda. *3705 S. Poinciana Blvd • Mapa complementar • 407-847-4343 • Entr. paga*

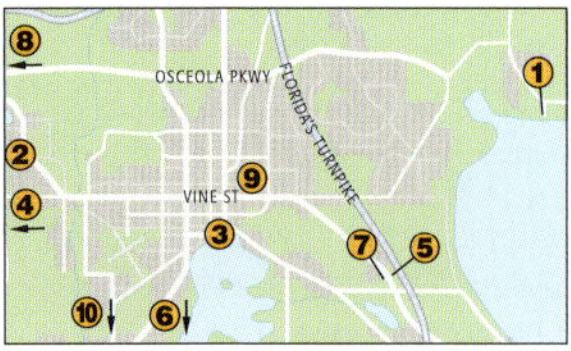

Veja mais sobre outros esportes e atividades ao ar livre nas **pp. 56-7**

Tarantino's Italian Restaurant

Categorias de Preço

Refeição para uma pessoa com três pratos, uma taça de vinho, impostos e serviço.

$	até $20
$$	$20-$30
$$$	$30-$45
$$$$	$45-$60
$$$$$	acima de $60

TOP 10 Onde Comer

1 Charley's Steak House
Usa um método de cozimento indígena que deixa as carnes assadas por fora e suculentas por dentro. *2901 Parkway Blvd • Mapa G2 • 407-239-1270 • Só jantar • $$$$*

2 Azteca's Mexican
Autêntica culinária mexicana e Tex-Mex, servida em um ambiente com decoração extravagante. *809 N. Main St • Mapa H4 • 407-933-8155 • $$ • Não há AD*

3 Tarantino's Italian Restaurant
Recanto italiano elogiado graças ao ambiente charmoso e aos clássicos italianos benfeitos. *4150 W. Vine St • Mapa H3 • 407-870-2622 • Só jantar • $$$*

4 Chef John's Dockside Restaurant
Peça bolinhos de caranguejo neste marco do centro de Kissimmee. O chef é famoso pelo amor aos frutos do mar, mas os clientes têm outras opções. *16 E. Dakin Ave • Mapa G1 • 407-201-3939 • Aberto diariam • $*

5 Pacino's Italian Ristorante
As especialidades sicilianas incluem filés, costeletas de vitela e excelentes pizzas e massas. *5795 W. Irlo Bronson Memorial Hwy • Mapa G2 • 407-396-8022 • $$$$*

6 Puerto Rico Café
Um pouco decadente, mas faz deliciosos filés e frutos do mar enriquecidos com mojo. *507 W. Vine St • Mapa H4 • 407-847-6399 • Aberto diariam • $$$ • Não há AD*

7 Celebration Town Tavern
Ponto de encontro tranquilo da região, serve ótimos frutos do mar e hambúrgueres. É familiar, mas oferece happy-hours para adultos, e mostra jogos de futebol americano numa grande tela de TV. *721 Front St • Mapa G2 • 407-566-2526 • $$*

8 Black Angus Restaurant
Filés que derretem na boca são os mais pedidos neste premiado restaurante familiar, mas as costeletas e o frango frito também fazem sucesso. Oferece ainda um grande bufê de café da manhã. *7516 W. Irlo Bronson Memorial Hwy • Mapa G1 • 407-390-4548 • $$$$*

9 Logan's Roadhouse
Com letreiros de néon e uma jukebox, tem a atmosfera de cabarés de beira de estrada dos anos 1940. Peça filé grelhado com legumes e bolinhos de mel fritos. *5925 W. Irlo Bronson Memorial Hwy • Mapa G2 • 407-390-0500 • $$$*

10 Taste of Punjab
Lugar perfeito para um bufê indiano autêntico por preço razoável, tem carne quando pratos vegetarianos, no almoço e no jantar. *4980 W. Irlo Bronson Memorial Hwy • Mapa G3 • 407-507-3900 • $$*

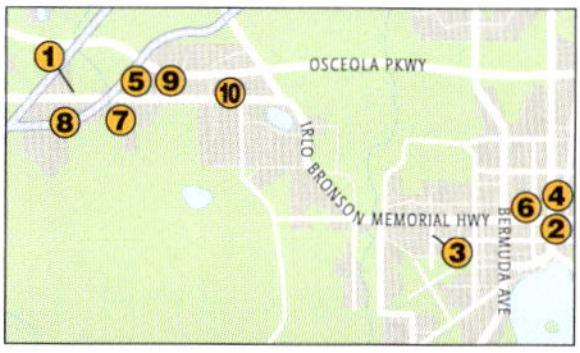

A menos que especificado, os restaurantes exigem reserva, proíbem o fumo, aceitam cartões, têm AD, AC, cardápio infantil e pratos vegetarianos

Vista de Downtown; Orange County Regional History Center

Downtown Orlando

ORLANDO NÃO QUER DIZER APENAS *Walt Disney e parques de diversões. Reduto tradicional de bancos e de empresas do setor de cítricos, o centro da cidade é também um distrito histórico e uma área com atrações culturais e naturais. Aqui ficam vários dos principais museus, além do parque mais conhecido, um lindo oásis de verde que circunda o lago Eola, com belas paisagens e vários festivais e celebrações das estações. De dia, Downtown é um descontraído enclave sulista, mas à noite ganha uma vibrante vida noturna – apesar de um pouco decadente, a Church Street Station é cheia de restaurantes e lojas. A principal artéria da cidade é a Orange Avenue, onde muita gente animada, gay ou hétero, percorre suas casas noturnas em busca de bebida barata e DJs famosos – e há de sobra tanto de um quanto de outro.*

Orlando Science Center

TOP 10 Destaques

1. Orlando Science Center
2. Orlando Museum of Art (OMA)
3. Orange County Regional History Center
4. Harry P. Leu Gardens
5. Mennello Museum of American Folk Art
6. Bairro Vietnamita
7. Lake Eola Park
8. American Ghost Adventures
9. Church Street
10. Colonial Lanes

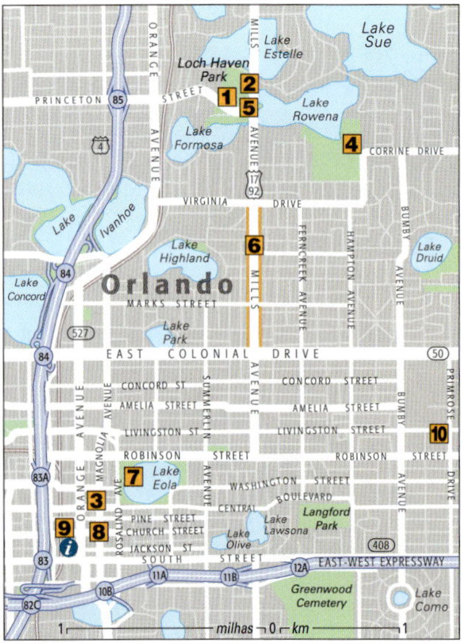

1 Orlando Science Center

Aqui são exibidas as obras da natureza, do micro ao macroscópico. Muita diversão interativa está à sua espera na Body Zone, onde, através de uma imensa boca, você penetra no aparelho digestivo e vê como ele é por dentro. O Cinedome exibe filmes sobre tesouros egípcios e a vida oceânica. Nas noites dos fins de semana é possível observar as estrelas com um telescópio. ✆ *777 E. Princeton St • Mapa M3 • 407-514-2000 • Aberto 10h-17h dom-ter e qui-sáb • Entr. paga • www.osc.org*

2 Orlando Museum of Art (OMA)

As exposições deste grande museu concentram-se em arte norte-americana do século XIX em diante e dos antigos povos das Américas e da África. O museu também tem mostras itinerantes de grande sucesso de público. Na primeira quinta-feira do mês você pode ouvir música, comer bem e apreciar as obras de artistas locais em encontros temáticos. ✆ *2416 N. Mills Ave • Mapa M3 • 407-896-4231 • 10h-16h ter-sex, 12h-16h sáb-dom • Entr. paga • www.omart.org*

Chafariz, Lake Eola Park

3 Orange County Regional History Center

Do informativo ao kitsch, o History Center enfoca os períodos de formação e as indústrias da Flórida central. Dioramas mostram cenas com antigos nativos norte-americanos, e a réplica de uma casa *cracker* pode ser visitada. Há também uma exibição chamada The Day We Changed (O Dia Em Que Mudamos), que relata o impacto causado pela chegada dos parques temáticos Disney. Algumas mostras são um tanto sem graça, mas muitos elementos, como aligatores e flamingos cor-de-rosa empalhados, revelam senso de humor. ✆ *65 E. Central Blvd • Mapa P3 • 407-836-8500 • 10h-17h seg-sáb, 12h-17h dom • Entr. paga • www.thchistorycenter.org*

4 Harry P. Leu Gardens

Caminhos bem-cuidados serpenteiam pelos 20ha deste parque. Canteiros de ervas exalam aromas penetrantes, outros têm plantas que atraem borboletas. Dependendo da época, você pode admirar roseiras floridas (no maior roseiral da Flórida) ou graciosas camélias. Há visitas guiadas à Leu House, do início do século XX. ✆ *1920 N. Forest Ave • Mapa M4 • 407-246-2620 • Aberto 9h-17h diariam • Entr. paga • www.leugardens.org*

5 Mennello Museum of American Folk Art

Metade do Mennello é dedicada às obras do artista da Flórida Earl Cunningham (1893-1977), vibrantes pinturas pastorais com céus alaranjados e rios amarelos. A outra metade abriga exposições itinerantes de arte popular. À beira do lago encontram-se esculturas aqui e ali. ✆ *900 E. Princeton St • Mapa M3 • 407-246-4278 • 10h30-16h30 ter-sáb, 12h-16h30 dom • Entr. paga • www.mennellomuseum.com*

Mennello Museum of American Folk Art

6 Bairro Vietnamita

Esta área, também conhecida como ViMi (por causa do cruzamento das avenidas Virginia e Mills), é um pouco menos étnica do que, digamos, a Chinatown de Nova York. Ainda assim, o bairro tem a maior concentração de restaurantes e lojas vietnamitas, e de outros países asiáticos. A parte mais movimentada fica ao sul da Virginia Ave, na Colonial Drive. ⊗ *Mills Ave bet Virginia Ave & Colonial Dr • Mapa N3*

7 Lake Eola Park

Um caminho só para pedestres dá a volta no lago Eola, com vista para os horizontes da cidade. Quem quiser exercitar os músculos das pernas pode alugar um cisne-pedalinho *(p. 47)*. Cisnes de verdade flutuam nas águas rasas do lago e até se aventuram em terra firme se alguém oferece um punhado de comida, que é vendida no local. Peças e concertos são apresentados no Walt Disney Amphitheater, uma concha acústica excelente. A característica fonte iluminada no meio do lago é computadorizada e produz um show de luzes com cores que vão mudando. ⊗ *Mapa P3*

Placas, bairro vietnamita

8 American Ghost Adventures

Um guia conduz passeios a pé pelo centro de Orlando, contando histórias sobre os escândalos ocorridos na cidade, mistérios ainda não solucionados e histórias de fantasmas que remontam a 1886. O passeio de duas horas volta ao ponto de partida, o Orange County Regional History Center, onde os participantes podem realizar sua própria caça aos fantasmas amadora, com a ajuda de "detectores de fantasmas" manuais. ⊗ *Sai de Orange County Regional History Center • Mapa P3 • 407-256-6225 • 20h todas as noites • Entr. paga*

9 Church Street

A Amway Center Arena trouxe vida e atividade à Church Street. E os novos restaurantes, a renomada companhia de teatro do Mad Cow Theatre e a futura estação SunRail agitaram ainda mais a área. A Amway Center atrai grandes artistas em turnê, e o trecho da Church Street entre a Orange Avenue e a I-4 tem lojas de varejo, restaurantes e bares para manter os visitantes entretidos. O destaque original da área é a Church Street Station, um complexo de três andares construído em volta do atraente edifício que já foi a estação de trem original da cidade. O complexo conta com bares, restaurantes e lojas, e é fácil ficar ziguezagueando de um bar ao outro. ⊗ *Church St, entre Orange Ave e I-4 • Mapa P3*

Chafariz no lago Eola, Lake Eola Park

Church Street

10 Colonial Lanes

Há mais de 50 anos o venerável Colonial Lanes oferece o que há de melhor e mais tradicional em termos de boliche. É um clube com 32 pistas, muito simpático e barulhento, onde as pessoas vão derrubar alguns pinos: alugue os sapatos, pegue uma bola e deixe o computador contar os pontos. Lembre-se de que a liga de boliche treina todas as noites, das 18h às 21h; evite

Bolas de boliche, Colonial Lanes

esses horários, a menos que só queira assistir. Depois de jogar, vá ao Colonial Lanes Bar & Restaurant. Alguns setores se parecem com uma grande sala de estar afundada (os barmen ficam num nível abaixo dos clientes). A bebida é barata, mas, como o conceito de arredondar os preços nunca pegou por aqui, não se espante se a conta der exatos US$4,38. *400 N. Primrose Dr • Mapa P4 • 407-894-0361 • Horários variam • Grátis, mas paga-se para jogar*

Um Dia em Downtown

Manhã

Comece tomando um saudável café da manhã no JP's Everyday Gourmet (63 E. Pine St), antes de visitar o **Orange County Regional History Center**, um lugar simples que conta a história da região antes da Disney. Na hora do almoço, vá ao **Café Annie** *(p. 117)*. Este café autêntico serve comida grega e libanesa e, também, porções mistas. Essa culinária geralmente tem várias opções vegetarianas.

Tarde

Depois do almoço, pegue o carro ou um táxi para ir ao Loch Haven Park, onde o **Orlando Museum of Art**, o **Orlando Science Center** e o **Mennello Museum of American Folk Art** *(todos na p. 113)* ficam muito próximos uns dos outros. O Science Center, com quatro andares de diversão interativa, é o melhor para as crianças. Quem gosta de arte consegue percorrer facilmente o Mennello e o OMA na mesma tarde, mas, se o tempo for curto, dê preferência ao OMA. Dê uma parada no bairro vietnamita para comer – o Ha Long Restaurant (1231 E. Colonial Dr) serve uma deliciosa terrina de pho, uma sopa de macarrão tradicional.

Noite

Como a vida noturna no centro começa tarde, inicie com um coquetel no final do dia no **The Bösendorfer Lounge** *(p. 116)*. Quem gosta de música ao vivo deve ir ao **The Social** *(p. 116)*, cujos shows começam por volta das 22h. Os mais notívagos podem tentar o **Firestone Live** *(p. 76)*, onde os DJs tocam até altas horas.

The Social; Cowboys Orlando

TOP 10 Casas Noturnas

1 The Social
O melhor clube de Orlando para música ao vivo, sem bar. No palco apresentam-se artistas de variados estilos, do jazz à música eletrônica *(p. 74)*. *54 N. Orange Ave • Mapa P3 • 407-246-1419*

2 The Beacham
Este edifício histórico no centro de Orlando abriga uma casa noturna e um palco para música ao vivo de última geração, que oferece estilos musicais variados. *46 N. Orange Ave • Mapa P3 • 407-246-1419 • Fechado seg*

3 Cowboys Orlando
Este gigantesco espaço para música country tem quatro bares e concursos de dança todas as noites. *1108 S. Orange Blossom Trail • Mapa P2 • 407-422-7115 • Fechado dom-qua*

4 The Bösendorfer Lounge
Muito elegante, este lounge é o lugar ideal para bebericar um coquetel num ambiente luxuoso. Pianistas e cantores se apresentam em torno de um piano Bösendorfer de US$250 mil (ter-sáb) *(p. 74)*. *Westin Grand Bohemian Hotel, 325 S. Orange Ave • Mapa P3 • 866-663-0024*

5 Dragon Room
Este lugar divertido, com ótimo DJ, fica sempre cheio. Às quartas-feiras, mulheres entram de graça até meia-noite. *25 W. Church St • Mapa P2 • Aberto 21h até tarde qua-sáb • 407-843-8600 • Entr. paga*

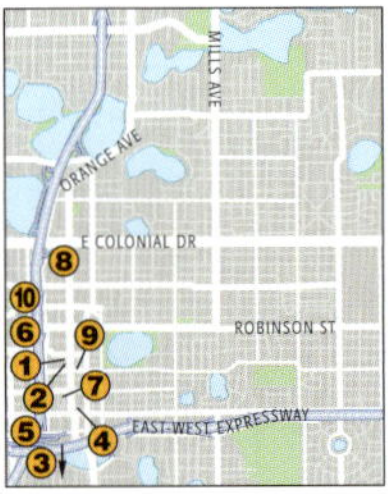

6 Sky 60
Bar em estilo South Beach com DJ todas as noites. Bonito terraço de cobertura com iluminação discreta. *64 N. Orange Ave • Mapa P3 • 407-246-1599*

7 Church Street
Duas quadras de bares, restaurantes e casas noturnas para quem quer distância dos modismos de outros clubes do centro. *Church St, entre Orange Ave e I-4 • Mapa P3*

8 Firestone Live
Neste clube se dança batidas techno, rave e house. É mais divertido nos fins de semana, especialmente nas noites de sábado, quando recebe muita gente e tem ocasionais apresentações ao vivo. *578 N. Orange Ave • Mapa N3 • 407-872-0066*

9 NV Lounge
Localizada num pequeno porão com decoração dark e iluminação bem pensada. Bom para passar o tempo, e provar a ótima cerveja artesanal e o vinho. *27 E. Pine St • Mapa P3 • 407-649-0000*

10 Independent Bar
Este clube tem vários andares com sistemas de luzes e som de última geração, três bares e duas pistas de dança com diferentes tipos de música. *70 N. Orange Ave • Mapa P3 • 407-839-0457 • www.independentbar.net*

A menos que especificado, as casas noturnas de Downtown funcionam diariamente

The Boheme

Categorias de Preço

Refeição para uma pessoa com três pratos, uma taça de vinho, impostos e serviço.

$	até $20
$$	$20-$30
$$$	$30-$45
$$$$	$45-$60
$$$$$	acima de $60

TOP 10 Restaurantes e Cafés

1 K Restaurant and Wine Bar
A melhor experiência gastronômica de Downtown tem bistrô aconchegante e cardápio de influências asiática, francesa e italiana. *1710 Edgewater Dr • Mapa M2 • 407-872-2332 • Fechado dom e seg • $$$$*

2 The Boheme
O restaurante, com pinturas sensuais e madeira escura, serve carnes de caça, filés e frutos do mar para uma clientela exigente *(p. 69)*. *325 S. Orange Ave • Mapa P3 • 407-581-4700 • $$$$$*

3 Napasorn Thai Restaurant
Este restaurante pertencente a uma família serve pratos típicos tailandeses com interessantes variações pan-asiáticas. *56 E. Pine St • Mapa P2 • 407-245-8088 • Fechado almoço sáb e dom • $$$*

4 Graffiti Junction American Burger Bar
A fachada grafitada esconde uma ótima hamburgueria. Peça o gigante "Lone Star" e lamba os dedos no final. Tem karaokê nas tardes de sábado. *900 E. Washington St • Mapa P2 • 407-426-9502 • $$*

5 Café Annie
Aqui você encontra a autêntica cozinha grega e libanesa, especialmente a travessa de Zorba, kebabs de frango e carne, cuscuz e falafel. *131 N. Orange Ave • Mapa P3 • 407-420-4041 • Fechado dom • $$$*

6 Dexter's of Thornton Park
Concorrido após o expediente, oferece sanduíches exóticos, saladas generosas e pratos como atum e filé salteados. *808 E. Washington St • Mapa P3 • 407-648-2777 • $$$*

7 Ceviche Tapas Bar & Restaurant
Grande, barulhento e divertido, este restaurante tem um cardápio enorme, bar de tapas e amplo lounge com música flamenca ao vivo. *125 W. Church St • Mapa P2 • 321-281-8140 • Fechado almoço, dom • $$$*

8 Little Saigon
Esta casa se destaca na movimentada zona vietnamita devido às grandes terrinas de pho e aos caldos perfumados com carnes, frutos do mar, macarrão e condimentos. *1106 E. Colonial Dr • Mapa N3 • 407-423-8539 • $$*

9 White Wolf Café
Ótimas saladas e pratos inspirados no Oriente Médio, em um ex-antiquário. Os móveis de época estão à venda. *1829 N. Orange Ave • Mapa N3 • 407-895-5590 • $$$*

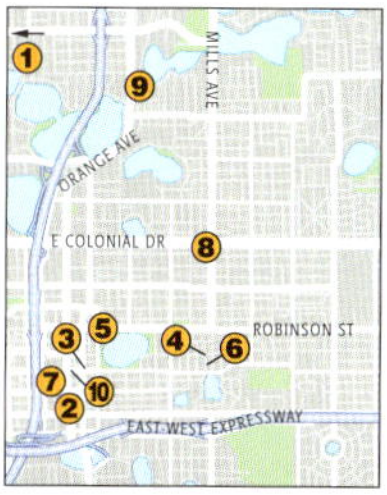

10 Pine 22
Hamburgueria tranquila e chique, onde você escolhe sua combinação de carne de boi alimentado com princípios orgânicos e dezenas de acompanhamentos com ingredientes locais. *22 E. Pine St • Mapa P2 • 407-574-2160 • $*

A menos que especificado, os restaurantes exigem reserva, proíbem o fumo, aceitam cartões, têm AD, AC, cardápio infantil e pratos vegetarianos

Cena de rua no Winter Park; Cornell Fine Arts Museum

Winter Park, Maitland e Eatonville

FAZENDO JUS AO NOME, *o Winter Park foi arrendado em 1887 como resort de inverno para os nortistas ricos – e friorentos. Agora está praticamente cercado pela Orlando metropolitana, mas ainda preserva o charme e a personalidade de uma cidade pequena e rica, com excelentes lojas, bares e restaurantes, e um punhado de museus interessantes. As cidades de Maitland e Eatonville, ao norte e a leste, são mais residenciais, mas também têm atrações, que fazem um contraste agradável com os lotados parques temáticos do sul de Orlando.*

Winter Park Scenic Boat Tour

TOP 10 Destaques

1. Park Avenue
2. Charles Hosmer Morse Museum of American Art
3. Cornell Fine Arts Museum
4. Winter Park Scenic Boat Tour
5. Albin Polasek Museum & Sculpture Gardens
6. Waterhouse Residence & Carpentry Museum
7. Audubon National Center
8. Zora Neale Hurston National Museum of Fine Arts
9. Winter Park Farmers' Market
10. Enzian Theater

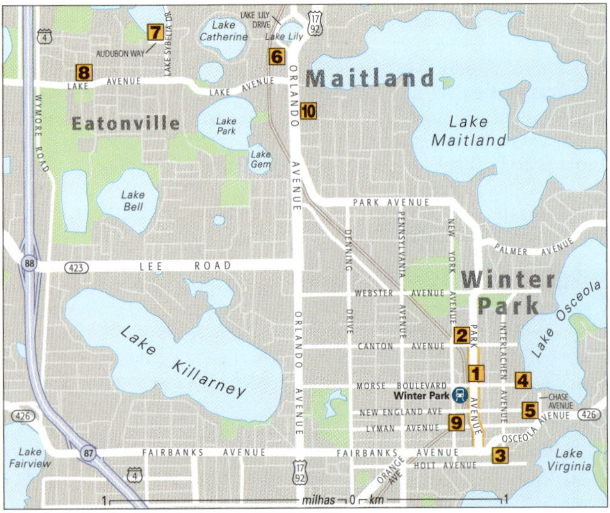

1 Park Avenue

O trecho da Park Avenue entre as avenidas Fairbanks e Webster é uma próspera e agradável fatia da vida urbana. Espécie de downtown à moda antiga, ficou esquecida pela rápida suburbanização do Estado do Sol. Conta com um bucólico Central Park, raramente os prédios têm mais de três andares e suas lojas e restaurantes são todos ao nível do chão; e as calçadas ficam cheias de gente que aproveita o dia sem pressa. ⓝ *Mapa L4*

2 Charles Hosmer Morse Museum of American Art

Este museu contém o maior acervo do mundo de lindas janelas de vidro e objetos do artista americano Louis Comfort Tiffany. Há também cerâmicas americanas e coleções representativas de pinturas, gravuras e artes decorativas do final do século XIX e começo do século XX. ⓝ *445 N. Park Ave • Mapa L4 • 407-645-5311 • Aberto 9h30-16h ter-sáb (até 20h sex nov-abr), 13h-16h dom • Entr. paga • www.morsemuseum.org*

Albin Polasek Museum & Sculpture Gardens

3 Cornell Fine Arts Museum

A coleção deste museu no belo campus do Rollins College é uma das mais antigas do Estado. As obras de arte europeias e americanas, do Renascimento ao século XX, são exibidas com perfeição e têm uma qualidade surpreendente para um pequeno museu universitário. ⓝ *1000 Holt Ave • Mapa L4 • 407-646-2526 • Aberto 10h-16h ter-sex, 12h-17h sáb-dom • Entr. paga • www.rollins.edu/cfam*

Charles Hosmer Morse Museum of American Art

Park Avenue

4 Winter Park Scenic Boat Tour

As áreas mais exuberantes do Winter Park ficam à beira dos lagos e ao longo dos pequenos canais. O giro de barco, que existe desde 1938, é um passeio junto à natureza e uma aula de história local. O barco passa lentamente por pontos de referência do Winter Park e pelas mansões nas margens, onde a natureza é preservada, enquanto o capitão conta histórias sobre a lendária sociedade local *(p. 45)*. ⓝ *Morse Blvd no Lake Osceola • Mapa L4 • 407-644-4056 • Passeios de hora em hora entre 10h-16h diariam • Entr. paga*

5 Albin Polasek Museum & Sculpture Gardens

O escultor Albin Polasek veio para cá quando se aposentou, mas continuou produzindo obras até morrer, em 1965. Hoje, inscrito no Registro Nacional de Locais Históricos, o museu e seus jardins de esculturas têm obras representativas de todas as fases de Polasek. ⓝ *633 Osceola Ave • Mapa L4 • 407-647-6294 • Aberto 10h-16h ter-sáb, 13h-16h dom • Entr. paga • www.polasek.org*

Waterhouse Residence & Carpentry Museum

6 Waterhouse Residence & Carpentry Shop Museum

William H. Waterhouse era um marceneiro que chegou à Flórida central no início dos anos 1880 e construiu esta bonita casa de frente para o lago Lily. Perfeitamente restauradas e mantidas pela Sociedade Histórica de Maitland, a casa, a marcenaria de Waterhouse e a notável coleção de móveis artesanais dão uma boa ideia de como se vivia na Maitland do passado. Os móveis de madeira lixada mostram o uso extensivo do cerne do pinus por Waterhouse, madeira que não se vê mais hoje em dia. As visitas duram cerca de 40 minutos. Essas instalações complementam o Museu Histórico de Maitland, o Maitland Art Center e o Museu do Telefone *(p. 61)*, localizados a algumas quadras adiante e também administrados pela Sociedade Histórica de Maitland.
1101 Audubon Way • Map K3 • 407 644-0190 • Aberto 12h-16h qui-dom • Entr. paga • www.artandhistory.org/waterhouse-museum

7 Audubon National Center para Aves de Rapina

Este centro para aves de rapina pode ser descrito como uma casa no meio do caminho na Flórida para alguns dos mais belos espécimes desses animais. Foi criado pela Florida Audubon Society para resgatar, reabilitar e soltar aves de rapina feridas. As que não sobreviveriam se voltassem à natureza são mantidas aqui, bem-cuidadas e alimentadas, à beira de um lago, ajudando a educar os visitantes sobre questões de preservação da vida selvagem. Os visitantes não podem observar o processo de reabilitação, mas entre as aves residentes há urubus, águias-carecas, corujas, falcões, águias-pescadoras e outras. *1101 Audubon Way • Map K3 • 407 644-0190 • Aberto 10h-16h ter-dom • Entr. paga • www.audubonofflorida.org*

Centro para Aves de Rapina

8 Zora Neale Hurston National Museum of Fine Arts

Zora Neale Hurston tornou-se famosa como uma das mais brilhantes escritoras do Harlem nos anos 1920 e 1930. Muitas de suas obras (inclusive o romance *Their Eyes Were Watching God*, de 1937) são ambientadas em Eatonville, o primeiro município negro a ser incorporado aos Estados Unidos. As varandas e as lojas da cidade, onde as personagens de Zora viviam e contavam suas histórias, há muito desapareceram, mas ela não foi esquecida. Este museu mantém viva a memória da escritora, e tem papel importante no Zora! Festival, evento cultural realizado todo ano em janeiro. Exibe também obras de artistas negros contemporâneos. *227 E. Kennedy Blvd • Mapa K3 • 407-647-3307 • Aberto 9h-16h seg-sex, 11h-13h sáb • Grátis • www.zoranealehurstonmuseum.com*

9 Winter Park Farmers' Market

Alguns mercados de agricultores são de muito comércio, repletos de caminhões velhos e fazendeiros vendendo montanhas de vegetais recém-colhidos. O Winter Park Farmers' Market é um pouco diferente. Trata-se mais de uma reunião social nos gramados, onde os yuppies de Winter Park se encontram para comprar flores, ervas e conservas e comer croissants, muffins e pães frescos. Sim, os tais hortifrúti também são vendidos aqui, mas isso é muito mais uma desculpa para um brunch aos sábados. *721 W. New England Ave • Mapa L4 • 407-599-3397 • Funciona 7h-13h sáb • Grátis*

Exibição, Zora Neale Hurston National Museum of Fine Arts

10 Enzian Theater

A arte cinematográfica tem um sabor diferente no Enzian. Este cinema de 250 lugares não exibe apenas bons filmes independentes, mas tem uma lista completa de cervejas, vinhos e serviço de mesa. Jante ou petisque assistindo a filmes com todo o conforto, como se estivesse em sua sala (se essa sala tiver uma tela com 10m de largura). O Enzian também organiza o Florida Film Festival *(p. 65)*, de dez dias, e festivais menores e mais específicos durante todo o ano. *1300 S. Orlando Ave • Mapa K3 • 407-629-1088 • Aberto todas as noites e à tarde nos fins de semana • Entr. paga • www.enzian.org*

Um Dia no Winter Park

Manhã

Comece o dia com um café da manhã reforçado no **Briarpatch Restaurant** *(p. 123)*. Leve o jornal, porque talvez você tenha de esperar um pouco, principalmente nos fins de semana. Depois saia caminhando para o norte da **Park Avenue** *(p. 119)*, onde butiques exclusivas acenam para os mais endinheirados. Na Canton Avenue, entre no **Charles Hosmer Morse Museum** *(p. 119)*: a excelente coleção Tiffany de vidro artístico é obrigatória. A seguir, faça um relaxante passeio de barco com a **Winter Park Scenic Boat Tour** *(p. 119)*, que parte das docas da Morse Street, a 15 minutos a pé. Na volta, há muitos lugares para comer – se o tempo estiver bom, pegue uma das mesas na calçada do **Park Plaza Gardens** *(p. 122)*, deleite-se com a boa comida e aprecie o movimento.

Tarde

Depois do almoço, siga para o sul na Park Avenue até o Rollins College, onde fica o excelente **Cornell Fine Arts Museum** *(p. 119)*, e passe o resto da tarde apreciando este pequeno, porém importante, acervo.

Noite

Em seguida, são dez minutos de carro para o norte até o **Enzian Theater**, em Maitland, onde você pode assistir às últimas produções independentes tomando vinho e comendo queijos. Termine o dia no movimentado **Brio Tuscan Grille** *(p. 123)*, alguns minutos de carro ao sul; peça um coquetel Pink Cosmopolitan e um filé ao gorgonzola.

Hillstone; Fiddler's Green

TOP 10 Bares e Casas Noturnas

1 Brio Tuscan Grille
Esta churrascaria da moda em Brio está sempre cheia, mas muitos vêm aqui só por causa do bar. Clientela bem-vestida que consome barris de coquetéis *(p. 123).*

2 Dexter's of Winter Park
Com uma excelente coleção de vinhos, esta filial do Dexter's é mais elegante que a de Downtown – menos às quintas-feiras, quando uma banda toca rock clássico.
558 W. New England Ave • Mapa L4 • 407-629-1150

3 Fiddler's Green
Um animado pub irlandês com dardos, música e uma seleção completa de cervejas claras e escuras. Abre até 2h todas as noites, o que o torna muito procurado para um último drinque. A comida também é boa *(p. 123).*

4 Park Plaza Gardens
Com mesas que transbordam para a Park Avenue, este café-bar é o favorito para quem procura bandas ao vivo. Frequentado pelo público universitário *(p. 123).*

5 Hannibal's on the Square
Parte café, parte bar informal chique, compartilha espaço com um soberbo restaurante francês, o Chez Vincent. *511 W. New England Ave • Mapa L4 • 407-629-4865*

6 Copper Rocket Pub
Com um pequeno palco para apresentações, o Copper Rocket é o único *music bar* autêntico na área. Cervejas importadas e nacionais abastecem a plateia jovem. *106 Lake Ave • Mapa K3 • 407-645-0069*

7 Circa 1926
Nesta casa noturna há de tudo: um moderno bar e lounge no andar superior, um elegante piano-bar na frente e mais dois salões de jantar *(p. 123).*

8 Hillstone
Num dos melhores pontos de Winter Park, não se sabe se o que mais atrai aqui são as generosas taças de vinho ou o fato de todo o cardápio do restaurante também ser servido no bar *(p. 123).*

9 Shipyard Emporium
Microcervejaria e café num só lugar, produz a própria cerveja, Shipyard, em grandes tonéis de cobre. Vigas de madeira no teto e paredes caiadas fazem lembrar as raízes da Nova Inglaterra desta cervejaria. *200 W. Fairbanks Ave • Mapa L3 • 321-274-4045*

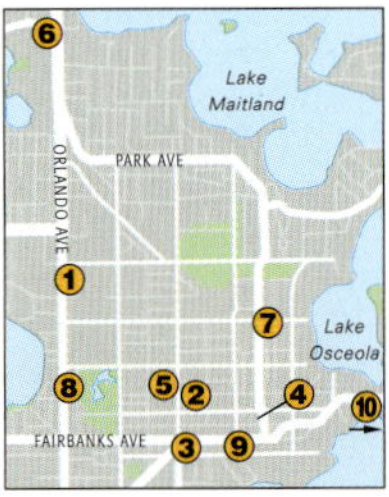

10 Mellow Mushroom Beer Bar
Simpático e tranquilo, tem excepcional seleção de cervejas e faz ótimas pizzas. *2015 Aloma Ave • Mapa L5 • 407-657-7755*

As casas noturnas de Winter Park costumam abrir diariamente

Brio Tuscan Grille

Categorias de Preço

Refeição para uma pessoa com três pratos, uma taça de vinho, impostos e serviço.		
	$	até $20
	$$	$20-$30
	$$$	$30-$45
	$$$$	$45-$60
	$$$$$	acima de $60

TOP 10 Cafés e Restaurantes

1 Circa 1926

O chef criativo combinou petiscos de influência italiana com entradas francesas, neste restaurante descontraído. *358 N. Park Ave • Mapa L4 • 407-637-5903 • $$$$*

2 Panullo's Italian Restaurant

Este restaurante serve lulas e raviólis de lagosta e é relativamente barato. *216 S. Park Ave • Mapa L4 • 407-629-7270 • $$*

3 Park Plaza Gardens

O cardápio deste restaurante-jardim é regional norte-americano, com foco especial em frutos do mar, como os bolos de carne de caranguejo-azul com molho de mostarda *(p. 69)*. *319 S. Park Ave • Mapa L4 • 407-645-2475 • $$$$*

4 Fiddler's Green

Um bar de madeira importada da Irlanda, bandas típicas e tradicionais pratos celtas contribuem para criar a atmosfera autêntica to Fiddler's. *544 W. Fairbanks Ave • Mapa L3 • 407-645-2050 • $$*

5 4Rivers Smokehouse

Amplamente aclamado como a melhor casa de churrasco da cidade, este lugar pequeno está sempre cheio, e vale a pena aguardar mesa. *2103 W Fairbanks Ave • Mapa L3 • 407-474-8377 • Não oferece pratos vegetarianos • $$*

6 Briarpatch Restaurant

Referência em café da manhã caseiro em Winter Park, é famoso pelas omeletes; mas o suculento cardápio americano trará você de volta na hora do almoço. *252 N. Park Ave • Mapa L4 • 407-628-8651 • $$*

7 Hillstone

Aqui, a carne é grelhada na lenha. As porções são grandes, particularmente as saladas e as sobremesas. Tem também opções de pratos com frutos do mar. *215 S. Orlando Ave • Mapa L3 • 407-740-4005 • $$$$*

8 Brio Tuscan Grille

O grande salão de refeições vibra com as conversas nas mesas e o crepitar da grelha na cozinha aberta. *480 N. Orlando Ave • Mapa L3 • 407-622-5611 • $$$*

9 Luma on Park

Comida excelente, lista de vinhos impecável e um ambiente ultrassofisticado estão no Luma on Park. *290 S. Park Ave • Mapa L4 • 407-599-4111 • Não tem cardápio infantil • Somente jantar • $$$$*

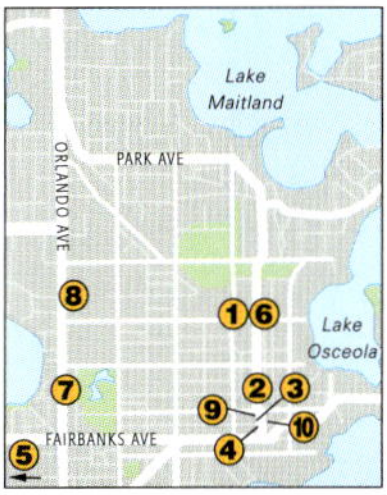

10 Café de France

Justificando o nome, este restaurante tem cardápio internacional servido em ambiente sofisticado. *526 S. Park Ave • Mapa L4 • 407-647-1869 • Não serve cardápio infantil • Não serve pratos vegetarianos • $$$$*

A menos que especificado, os restaurantes exigem reserva, proíbem o fumo, aceitam cartões, têm AD, AC, cardápio infantil e pratos vegetarianos

680
699-9999
116
699-9999

DICAS DE VIAGEM

Monotrilho, Aeroporto Internacional de Orlando; Espera para entrar no parque no verão

TOP 10 Informações Práticas

1 Aeroporto Internacional de Orlando

Servindo a mais de cem cidades do mundo e recebendo 35 milhões de passageiros por ano, este é o aeroporto mais movimentado da cidade. Quarenta companhias aéreas operam aqui, entre empresas domésticas e estrangeiras. Para obter informações e mapas e não perder mais tempo que o necessário, consulte o site do aeroporto *(p. 130)*. Este fica a 30 minutos de carro do Walt Disney World®.

2 Aeroporto Internacional de Sanford

O segundo aeroporto de Orlando fica a cerca de uma hora de carro dos resorts da Disney. Ele recebe apenas 1,2 milhão de passageiros por ano e promete um início de férias menos tumultuado.

3 Aeroporto Executivo de Orlando

Situado a 5km (3 milhas) do centro comercial da cidade, o mais antigo aeroporto de Orlando recebe hoje aeronaves particulares, tanto para viagens de negócios quanto de lazer.

4 Viagem Aérea

A Tam e as grandes companhias aéreas dos EUA têm voos regulares para Miami e voos com escala para Orlando. No Brasil, diversas operadoras de turismo negociam pacotes que incluem os parques da Disney.

5 Exigências para Entrar nos EUA

Os turistas brasileiros precisam de visto para entrar nos EUA e podem solicitá-lo por meio de despachantes, agências de viagem ou pessoalmente – para isso é preciso pagar as taxas, preencher o Formulário de Solicitação de Visto e agendar entrevista no consulado com pelo menos três meses de antecedência. Mais informações no site www.embaixada-americana.org.br.

6 Chegando de Trem e Ônibus

Dois terminais de ônibus Greyhound e quatro estações ferroviárias Amtrak (inclusive o terminal de trens Auto de Sanford) servem a área de Orlando. Linhas de ônibus como a Red Coach transportam os visitantes pela Flórida.

7 Alfândega

Os turistas com mais de 21 anos têm permissão para entrar nos EUA com 1 litro de bebida alcoólica, presentes no valor de até US$100 e 200 cigarros. Vários produtos são proibidos, como queijos e frutas frescas, carnes e, naturalmente, drogas ilegais.

8 Fuja das Filas

As filas nos parques temáticos são menores da segunda semana de setembro à terceira semana de novembro, nas duas primeiras semanas de dezembro, de meados de janeiro a meados de março e do fim de abril até a terceira semana de maio. Esses são os períodos em que as crianças americanas estão na escola; nos fins de semana os parques sempre ficam cheios.

9 Clima

O calor e a umidade são muito incômodos no verão, quando as temperaturas podem atingir facilmente 32°C; os raios são outra ameaça. Na primavera, o aumento de pólen pode infernizar a vida dos alérgicos, e a temporada de furacões e tornados vai de agosto a novembro.

10 Planejamento Online

A USA Tourist (www.usatourist.com) é um dos melhores recursos para turistas que desejam conhecer o país. Em vários idiomas, fornece informações sobre pontos turísticos, hotéis, restaurantes e casas noturnas. As ferramentas de busca também ajudam a planejar a viagem, e o MapQuest (www.mapquest.com) auxilia no planejamento de um roteiro quando você chega.

Veja mais sobre endereços úteis nas **pp. 130-1**

I-Ride Trolley; Parada do Ônibus Lynx; Táxi

TOP 10 Como Circular em Orlando

1 Aluguel de Carro

As principais locadoras de carros têm lojas nos grandes aeroportos, ou perto deles, e também na cidade. Em muitos aeroportos há ônibus que servem as estações Amtrak e Greyhound. Muitas agências oferecem bons negócios. São distribuídos mapas locais, e os atendentes podem ajudá-lo a planejar o roteiro para seu hotel.

2 Como se Orientar em Orlando

A principal artéria norte-sul é a Interstate Highway 4 (Hwy I-4), que interliga as principais áreas turísticas. A Beachline Expressway (Hwy 528) é a rodovia leste-oeste com pedágio que dá acesso ao Kennedy Space Center *(pp. 38-41)*. Quase todas as rodovias têm pontos de congestionamento nos horários de pico (7h-9h e 16h-18h diariam).

3 Ônibus e Vans

Os ônibus e vans Mears circulam entre o Aeroporto Internacional de Orlando e os hotéis (o preço varia conforme a distância), e também por áreas turísticas, como o Kennedy Space Center. A Quick Transportation oferece os mesmos serviços, mas leva até seis pessoas, pega o passageiro onde ele estiver e o deixa no seu destino. ✆ *Mears • 407-423-5566 • www.mearstransportation.com* ✆ *Quick Transportation • 407-354-2456 • www.quicktransportation.com*

4 Ônibus de Hotel

Alguns hotéis têm ônibus circulares para o aeroporto ou transportam hóspedes aos parques temáticos e outras atrações várias vezes por dia. Em geral, o serviço é gratuito para os parques mais próximos, mas cobra-se uma pequena taxa para os locais mais distantes. Informe-se quando reservar hotel ou for planejar suas férias.

5 Táxi

Em grupos de quatro ou cinco pessoas, às vezes sai mais barato circular de táxi. As tarifas a partir dos aeroportos internacionais de Orlando e de Sanford até o Walt Disney World® custam por volta de US$60 e US$150 (mais gorjeta), respectivamente. À noite, nos fins de semana e feriados, são cobradas tarifas extras. Aeroportos e grandes hotéis são bons lugares para embarcar num táxi – ou então peça por telefone *(p. 131)*, pois não é fácil pegar táxi na rua.

6 Sistema de Transporte da Disney

Usar o sistema de transporte grátis da Disney (monotrilho, ônibus, táxi aquático e ferryboat) é econômico, porque você não precisa alugar carro nem gastar em combustível e estacionamento. É o melhor para quem vai passar a maior parte do tempo com Mickey. Mas os roteiros são fixos e às vezes demorados.

7 I-Ride Trolley

Serviço conveniente e barato para deslocamento de um ponto a outro pelos corredores da Universal, do SeaWorld® e da International Drive. Os trólebus passam diariamente a cada 20-30 minutos, das 8h às 22h30, e fazem 42 paradas. Leve o valor exato da passagem. ✆ *407-248-9590 • www.iridetrolley.com*

8 Ônibus Lynx

Os ônibus públicos são o meio de transporte menos usado pelos visitantes, por serem muito lentos. Leve o valor exato da passagem. ✆ *Lynx Downtown Bus Terminal • 78 W. Central Blvd • 407-841-8240 • www.golynx.com*

9 Aluguel de Limusine

A limusine é a maneira mais cara de circular por aqui. ✆ *Advantage Limousine Service • 407-438-8888 • www.advantagelimo.com*

10 Caminhadas

Esta cidade é uma das mais perigosas dos EUA para pedestres: como se não bastassem as largas rodovias de trânsito intenso, ainda faltam calçadas e passarelas.

Máquinas de jornal; Kissimmee Convention & Visitors Bureau

TOP 10 Outras Informações

1 Orlando/Orange Co. Convention & Visitors Bureau

Anunciando-se como "a empresa de marketing oficial de Orlando", este grupo oferece uma impressionante variedade de serviços. O site é excelente, tem informações atualizadas e faz reservas on-line, e na loja você pega mapas, informa-se sobre endereços e pergunta o que quiser. *8723 International Dr • 407-363-5872 • www.orlandoinfo.com*

2 Kissimmee/St. Cloud Convention & Visitors Bureau

Especializada no sul de Orlando, esta empresa tem um ótimo site e, na loja, centenas de publicações sobre as atrações da área. *215 Celebration Pl • 407-847-5000 • www.floridakiss.com*

3 Orlando Sentinel

O único grande jornal diário da cidade é notadamente conservador em assuntos políticos, mas a edição de sexta-feira traz um excelente caderno de artes e eventos chamado Calendar. Tem também versão on-line (www.orlandosentinel.com).

4 Orlando Weekly

O principal jornal "alternativo" de O-Town é um tabloide semanal, distribuído gratuitamente, que publica listagens detalhadas dos clubes e eventos artísticos. Os colunistas, muito bons e divertidos, conhecem a cidade intimamente. O site do tabloide (www.orlandoweekly.com) traz todos os artigos e é uma boa ferramenta de busca para a programação de filmes e música. O jornal é distribuído em restaurantes, lojas, clubes, lojas de conveniência e nas caixas de rua por toda a cidade.

5 Watermark

Jornal gratuito que sai duas vezes por semana e é a voz da grande comunidade gay e lésbica de Orlando. Não é radical, faz uma ótima cobertura de artes e traz para a comunidade as informações mais completas sobre clubes, shows e outros eventos. Distribuído nos estabelecimentos simpáticos aos gays e nas caixas de rua. Tem versão on-line: www.watermarkonline.com.

6 Lesbian, Gay, Bisexual & Transgender Community Services of Central Florida

Este centro comunitário (LGBT) concentra todas as informações que interessam à comunidade gay. A organização patrocina regularmente eventos culturais variados. *407-228-8272 • www.thecenterorlando.com*

7 News Channel 13

É a versão de Orlando da CNN – o canal a cabo de notícias 24 horas da O-Town. Útil para os visitantes devido aos boletins meteorológicos atualizados que transmite a cada dez minutos (1h01, 1h11, 1h21 etc). *Só para assinantes do Time Warner Cable.*

8 WTKS 104.1-FM

Além do programa matinal do astro da mídia nacional e polêmico apresentador Howard Stern, esta estação de rádio recebe muitas personalidades locais para conversas no ar. Todas têm pontos de vista muito interessantes sobre o que acontece em Orlando.

9 WMFE 90.7-FM

A melhor estação de rádio pública é mais conhecida pelo noticiário inteligente de hora em hora. O restante da programação consiste em música clássica ligeira, que ajuda a acalmar os motoristas nos congestionamentos da I-4 *(p. 140)*; nos fins de semana transmite shows.

10 Guias e Folhetos

Em praticamente todos os restaurantes, hotéis e atrações é possível encontrar um display com folhetos e guias turísticos sobre tudo que acontece na área. Além de mapas e informações, essas publicações também trazem cupons de desconto, que são muito úteis. Portanto, não deixe de pegá-las *(p. 133)*.

SeaWorld® Adventure Camp

Top 10 Passeios pelos Bastidores

1 Backstage Magic

O passeio mais completo da Disney, e também o mais caro, é ideal para quem quer saber como tudo funciona. A visita de sete horas explora os bastidores da tecnologia do Epcot®, a Tower of Terror do Disney's Hollywood Studios® e o centro de operações subterrâneo do Magic Kingdom®. ✆ *407-939-8687 • Máx. 20 pessoas, a partir de 16 anos • 9h seg-sex*

2 Keys to the Kingdom

Passeio pelo Magic Kingdom® (de quatro a cinco horas de duração), para quem quer ver antes de experimentar na prática. Dá uma orientação básica sobre o parque e uma visão geral da mágica high-tech que em geral não se vê. ✆ *407-939-8687 • Idade mín. 16 anos • Entr. não incluída no ingresso do parque • 8h30, 9h e 9h30, diariam.*

3 Around the World at Epcot®

Um passeio de Segway, com duração de 2 horas, oferece uma visão em detalhe dos tesouros multiculturais do Epcot®. ✆ *407-939-8687 • Máx. dez pessoas, idade mín. 16 anos • Entr. não incluída no ingresso do parque • 7h45, 8h30, 9h e 9h30*

4 Family Magic Tour

As crianças adoram esta perseguição de duas horas pelo Magic Kingdom®. Os personagens encontram os visitantes no fim do passeio. ✆ *407-939-8687 • Entr. não incluída no ingresso do parque • 10h diariam*

5 VIP Tours

Tanto a Disney quanto a Universal fazem passeios VIPs – a preços equivalentes. O da Disney permite que os visitantes criem o próprio itinerário, que pode incluir um ou mais parques, refeições, golfe, tratamentos em spa, entre outros. Inclui também poltrona reservada para shows e acesso rápido a brinquedos. O passeio de cinco horas da Universal é fixo e garante prioridade nas filas para até oito brinquedos e shows. ✆ *Disney • 407-560-4033 • Grupos de, no máximo, dez pessoas e passeios de 5 horas no mín* ✆ *Universal • 407-363-8000 • 10h e 12h diariam*

6 Scenic/Eco Lake Tours

Conheça a verdadeira Flórida e sua vida selvagem neste fascinante passeio de uma hora em uma balsa de 7m. A empresa também faz pescarias e e organiza excursões para ver os aligatores. ✆ *101 Lakeshore Blvd, Kissimmee • 800-244-9105, 407-908-5688 • www.fishingchartersinc.com*

7 Yuletide Fantasy

Este passeio de três horas permite ver de perto como os quatro parques temáticos e os resorts são transformados em um paraíso de neve. Entre as atrações estão a procissão à luz de velas e o magnífico coro do Epcot®. O passeio promete despertar o espírito de Natal nos visitantes. ✆ *407-939-8687 • Não exige o ingresso do parque • 9h seg-sáb 30 nov-24 dez*

8 SeaWorld® Adventure Camp

Durante o verão o SeaWorld® tem programas de um dia para todos os orçamentos. Eles são divididos por idade e visam explicar o mundo dos animais submarinos. Há também programas com pernoite para famílias. ✆ *407-370-1380 • Jun-ago*

9 Up-Close Tours

Nestes passeios a pé de 45 a 60 minutos, você vê bem de perto os pinguins, golfinhos e habitats de leões-marinhos do SeaWorld®, com oportunidades para alimentar e tocar os animais. ✆ *407-351-3600 • Entr. não incluída no ingresso do parque • Os horários variam*

10 Family Fun Tour

Passeio de 4 horas pelos bastidores do SeaWorld®, com direito a lugares reservados no show One Ocean, acesso privilegiado a alguns passeios familiares e uma refeição leve no Happy Harbor. As crianças vão adorar visitar a orca Shamu. ✆ *407-351-3600 • Entr. não incluída no ingresso do parque • Os horários variam*

As reservas para passeios devem ser feitas pelo menos com um mês de antecedência

Endereços Úteis

Informação Turística

Orlando/Orange County Convention & Visitors' Bureau
6700 Forum Dr, Ste 100 (I-D) • 407-363-5872 • www.visitorlando.com

Tourist Information Center
8723 International Dr (I-D) • 407-363-5872

Sites

Orlando's Weekly Calendar
http://calendar.orlandoweekly.com

Citysearch
orlando.citysearch.com

The Daily City
www.the dailycity.com

Inside Central Florida
www.wftv.com/icflorida

Theme Park Insider
www.themeparkinsider.com

Visit Orlando
www.visitorlando.com

Aeroportos

Aeroporto Executivo de Orlando (ORL)
501 Herndon Ave • 407-894-9831 • www.orlandoairports.net/orl

Aeroporto Internacional de Orlando (MCO)
1 Airport Blvd • 407-825-2001 • www.orlandoairports.net

Aeroporto Internacional de Sanford (SFB)
2 Red Cleveland Blvd, Sanford • 407-322-7771 • www.orlandosanfordairport.com

American Automobile Association (AAA)

783 S. Orlando Ave • 407- 647-1033 • www.aaa.com

Estações Amtrak

1400 Sligh Blvd (DO) • 407-843-7611 • www.amtrak.com

150 W. Morse Blvd (WP) • 407-645-5055 • www.amtrak.com

600 S. Persimmon Ave (Sanford) • 407-330-9770 • www.amtrak.com

111 E. Dakin St (K) • 407-933-1170 • www.amtrak.com

Terminais Greyhound

103 E. Dakin Ave (K) • 888-332-6363; 407-847-3911 • www.greyhound.com

555 N. John Young Pkwy (DO) • 888-332-6363; 407-292-3424 • www.greyhound.com

Aluguel de Carros

Alamo
8200 McCoy Rd • 800-462-5266 • www.alamo.com

Avis
8600 Hangar Blvd • 800-230-4898 • www.avis.com

Budget
1 Airport Blvd • 800-527-7000 • www.budget.com

Dollar
9201 Airport Blvd • 800-800-4000 • www.dollarcar.com

Enterprise
9400 Airport Blvd • 800-325-8007 • www.enterprise.com

Hertz
1 Airport Blvd • 800-654-3131 • www.hertz.com

National
5398 Bear Rd • 800-227-7368 • www.nationalcar.com

Thrifty
9302 Airport Rd • 800-847-4389 • www.thrifty.com

Bancos

Bank of America
390 N. Orange Ave (DO) • 800-432-1000

Chase
7674 Dr. Phillips Blvd (WDW) • 407-352-5832

Regions Bank
111 N. Orange Ave (DO) • 800-734-4667

517 Morse Blvd (WP) • 800-734-4667

SunTrust
1675 E. Buena Vista Dr (WDW) • 407-828-6103

1000 N. Main St (K) • 407-870-0022

400 S. Park Ave (WP) • 800-786-8787

Wells Fargo
7950 Orange Blossom Tr (I-D) • 407-649-5158

Cartões de Crédito

American Express
800-528-4800 • www.americanexpress.com

Diners Club
800-234-6377 • www.dinersclub.com

Discover
800-347-2683 • www.discovercard.com

MasterCard
800-826-2181 • www.mastercard.com

***Abreviaturas:** DO: Downtown; I-D: International Drive; K: Kissimmee; WDW: Walt Disney World® e Lake Buena Vista; WP: Winter Park e Maitland*

Visa
800-336-8472 • www.visa.com

Hospitais

Celebration Health
400 Celebration Pl (WDW) • 407-303-4000

Dr. P. Phillips Hospital
9400 Turkey Lake Rd (I-D) • 407-351-8550

Florida Hospital
601 E. Rollins St (DO) • 407-303-8110

Orlando Health
1414 Kuhl Ave (DO) • 321-841-5415

Winter Park Memorial Hospital
200 N. Lakemont Ave (WP) • 407-646-7000

Clínicas

Centra Care Walk-In Clinic
12500 S. Apopka Vineland Rd (WDW) • 407-934-2273

4320 W. Vine St (K) • 407-390-1888

ExpressCare
2700 Old Winter Garden Rd (DO) • 407-656-2055

Nightlight Pediatrics
7556 W. Sandlake Rd (ID) • 407-506-0002

WinterPark Family Practice
2950 Aloma Ave (WP) • 407-679-9222

Farmácias 24 horas

CVS Pharmacy
1205 W. Vine St (K) • 407-847-5174

7599 W. Sandlake Rd (ID) • 407-352-1177

Walgreens
2420 E. Colonial Dr (DO) • 407-894-6781

6201 International Dr (I-D) • 407-345-8402

13502 Apopka Vineland Rd (WDW) • 407-348-2323

Dentistas

Advanced Dental Care
12131 S. Apopka Vineland Rd (WDW) • 407-477-5004

Coast Dental
2200 E. Irlo Bronson Memorial Hwy (K) • 407-935-1772

2907 Vineland Rd (K) • 407-396-1288

Greenburg Dental Associates
4780 S. Kirkman Rd (I-D) • 407-292-7373

3727 N. Goldenrod Rd (WP) • 407-671-0001

Telefones de emergência

Central Florida Helpline
407-333-9028

Society for Accessible Travel & Hospitality
212-447-7284

Help Now of Osceola
407-847-8562

Internet

Orlando Public Library
101 E. Central Blvd (DO) • 407-835-7323

South Orange Library
7255 Della Dr • 407-835-7323

Agências do Correio

51 E. Jefferson St (DO) 407-425-6464

10450 Turkey Lake Rd (I-D) • 407-351-2492

2600 Michigan Ave (K) • 407-846-0999

8546 Palm Parkway (WDW) • 800-275-8777

300 N. New York Ave (WP) • 407-647-6807

Polícia

City of Kissimmee Police
8 N. Stewart Ave (K) • 407 847-0176 • Emergência: 911

City of Orlando Police
100 S. Hughey Ave (I-D) • 407-246-2470 • Emergência: 911

Orange County Sheriff
2500 W. Colonial Dr (DO) • 407-348-1100 • Emergência: 911

Osceola County Sheriff
2601 E. Irlo Bronson Memorial Hwy (K) • 407-348-2222 • Emergência: 911

Winter Park Police
500 N. Virginia Ave (WP) • 407-644-1313 • Emergência: 911

Consulados

Austrália
2103 Coral Way, Ste 108, Miami • 305-858-7633

Brasil
80 SW. 8th Street, 26th floor, Miami • 305-285-6200

Japão
80 S.W. 8th St, Miami • 305-530-9090

Reino Unido
200 S. Orange Ave, Ste 2110, Orlando • 407-254-3300

Veja mais sobre informações turísticas na p. 128

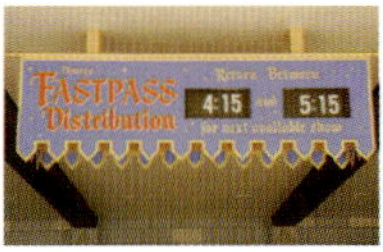

Balcão de vendas do Fastpass; Suvenires do SeaWorld®; Bonecos Disney

TOP 10 Dicas de Compras e Ingressos

1 Horários de Funcionamento

As lojas dos parques temáticos seguem os mesmos horários dos parques. Shopping centers e outlets abrem das 9h ou 10h às 21h de segunda a sábado e pelo menos das 12h às 18h domingo. As lojas fora das principais áreas turísticas ficam abertas das 9h às 17h de segunda a sábado.

2 Impostos

Com exceção das hortaliças e de alguns medicamentos, todos os produtos pagam um imposto estadual de 6,5% e uma taxa local.

3 Liquidações

As roupas de inverno entram em liquidação de março a abril, e as de verão, de agosto a outubro, quando mudam as coleções. Em agosto, com a chegada do novo ano escolar, há boas ofertas de roupas infantis. O dia seguinte ao de Ação de Graças é o melhor do ano para fazer compras; as grandes liquidações pré-natalinas costumam atrair multidões.

4 Outlets

As lojas de fábrica vendem roupas da última coleção com bons descontos. Quem sabe quanto custam os produtos que consome saberá identificar o que é e o que não é uma pechincha. Algumas lojas prometem até 75% de desconto e realmente cumprem; outras não. O grande nome é o Orlando Premium Outlets, com dois estabelecimentos imensos *(p. 66)*.

5 Presentes e Suvenires

Além das camisetas baratas, animais de pelúcia e bonés de beisebol, Orlando tem outros suvenires mais originais, como as laranjas da Flórida, a carne de aligátor e os respectivos artigos de couro, e tudo que se relaciona com os peixes-bois.

6 Despachando as Compras

Se você comprou mais do que pode carregar, por que não despachar? Parques, resorts e lojas da Disney e da Universal podem fazer a transação, em geral através da United Parcel Service (UPS). Se você mesmo quiser despachar, leve os pacotes à UPS (ligue 1-800-742-5877 para saber onde fica a mais próxima) ou envie pelo correio (1-800-275-8777).

7 Ingressos On-line

Os parques Disney (www.disneyworld.com) vendem ingressos on-line, mas os compradores devem retirá-los pessoalmente. A Universal (www.universalorlando.com) permite imprimir os ingressos ou retirá-los na entrada a um custo adicional de US$2,50 por ingresso. O site www.seaworld.com permite aos compradores imprimir os ingressos, que são verificados na catraca.

8 Passes para Vários Dias e Vários Parques

Os ingressos Disney's Park Hopper e Park Hopper Plus são válidos de quatro a sete dias. Dão direito a entrada ilimitada nos quatro parques; os ingressos Park Hopper Plus também dão direito a outras atrações Disney. Os descontos não são grandes, mas você não perde tempo nas filas. Universal Studios Florida®, Islands of Adventure® Universal's, Wet'n Wild®, Sea World® Orlando, Aquatica® Water Park, e Busch Gardens®, de Tampa, também dão acesso ilimitado pelos catorze dias de validade do FlexTicket.

9 Evitando Filas

A Disney (Fastpass) e a Universal e o SeaWorld® (Express Access) adotaram um sistema que reduz o tempo de espera nas filas mais concorridas. Basta passar o ingresso na catraca para saber o horário de sua visita. Quando chegar a hora, dirija-se à entrada designada e tome seu lugar.

10 Balcões de Concierge

Os hotéis mais sofisticados e alguns mais em conta têm balcões de concierge no saguão. São os melhores lugares para fazer reservas em restaurantes ou comprar ingressos para as atrações. Não dão descontos, mas a fila é pequena em comparação às filas dos parques.

Veja mais sobre compras no Walt Disney World® Resort na **p. 92**

Ônibus de hotel; Folhetos em recepção de hotel

TOP 10 Orlando Econômica

1 The Magicard

O Magicard da CVB do Condado de Orlando/Orange *(p. 128)* dá US$500 de desconto em hotéis, aluguel de carro, atrações, refeições e compras, entre outros. Também tem pacotes que incluem diárias de quarto e ingressos para atrações e parques temáticos. Cada cartão é válido para até seis pessoas e é gratuito. Demora quatro semanas para ser entregue. ✆ *407-363-5872* • *www.visitorlando.com*

2 Cortesias em Hotéis

Muitos hotéis e motéis oferecem café da manhã continental, *hors d'oeuvres* e jornais de cortesia. Nas recepções, os displays de cupons estão cheios de ofertas dois por um e descontos em refeições e atrações. Para quem não tem carro, a maioria dos hotéis costuma oferecer condução grátis ou bem mais barata para os parques.

3 Cupons de Jornal

Os cadernos de turismo publicados aos domingos pelos principais jornais atraem pessoas oferecendo cupons, tarifas baratas e pacotes promocionais. O *Orlando Sentinel* (especialmente o caderno Calendar, de sexta-feira) e os tabloides distribuídos gratuitamente nas esquinas e nos hotéis estão cheios de descontos e ofertas *(p. 128)*.

4 Quarto e Cozinha Completos

Você pode fazer uma boa economia reservando quarto com cozinha, com quitinete ou só com micro-ondas e geladeira. Com exceção dos hotéis do Walt Disney World®, a maioria fica perto de supermercados ou lanchonetes, que em geral entregam em domicílio por uma pequena taxa.

5 Água e Salgadinhos

Os preços cobrados pelos refrigerantes nos parques temáticos são de 30% a 50% superiores ao que se paga do lado de fora. Não é permitido entrar nos parques com bolsas térmicas, mas com garrafas de água e salgadinhos, sim. Alguns parques têm nascentes próprias, mas na Flórida central a água não é muito boa para beber.

6 Comer Bem de Manhã e à Noite

Não é preciso fazer três refeições diárias, especialmente nos meses mais quentes. Se você quiser pular o almoço, pode fazer uma refeição mais reforçada – e barata – antes e depois da visita ao parque, primeiro em um bufê de café da manhã, depois jantando mais cedo *(p. 134)*.

7 Lanchonetes e Restaurantes para Famílias

Orlando tem inúmeras lanchonetes. Também é muito bem servida de restaurantes para toda a família com preços excelentes *(pp. 70-1)*. A maioria tem cardápio infantil, que pode custar ainda menos na hora do almoço.

8 Red Chair Project

Quem gosta de cultura não fica de fora dos descontos. O CVB local *(p. 128)* vende meia-entrada regularmente também para óperas, balés, shows de música e peças teatrais. Os ingressos são para o mesmo dia da apresentação, e, mesmo que você obtenha informações por telefone, eles devem ser retirados pessoalmente. ✆ *407-872-2382*

9 Hospedagem Barata na Disney

Quem faz questão de se hospedar no Disney World, mas não pode pagar, encontra preços bem mais acessíveis nos resorts All-Star *(p. 142)*. As diárias cheias sem desconto são relativamente baratas e as crianças não pagam. Mas saiba que os quartos nesses "value resorts" são muito apertados.

10 Carro Alugado

Não abasteça um carro alugado na própria locadora. Algumas fazem ofertas tentadoras para encher o tanque do seu carro, mas o combustível é sempre muito mais barato na cidade.

Bufê de café da manhã

TOP 10 Dicas para Comer e Beber

1 Reservas nos Restaurantes da Disney

Alguns restaurantes da Disney trabalham com Priority Seating – uma espécie de Passe Livre para comida. Os de nível mais alto pedem reserva, às vezes até com 180 dias de antecedência. Note que os clientes que não aparecem são cobrados do mesmo jeito. Todos os restaurantes dos parques Disney, exceto o Rainforest Café no Animal Kingdom®, pedem para ver o ingresso do parque.

2 Reservas

Se seu restaurante preferido aceitar reserva, não deixe de fazê-lo – sobretudo se estiver nas principais regiões turísticas, como I-Drive, Lake Buena Vista e ao longo da Irlo Bronson Memorial Highway, em Kissimmee. Caso contrário, você pode esperar duas horas por uma mesa nos horários de maior movimento, em geral entre 18h e 20h30. Alguns restaurantes não aceitam clientes que não reservaram com antecedência e os mais procurados talvez nem consigam acomodar quem não faz reserva com muita antecedência.

3 Gratificações

Os garçons esperam receber gorjeta de no mínimo 15%. Os mais atenciosos podem merecer até 20%; fique à vontade para dar apenas 10% para os menos atentos. Alguns restaurantes costumam acrescentar a gorjeta na conta: verifique antes de pagar.

4 Cigarro

Depois que as leis foram aprovadas, a maioria dos hotéis e todos os restaurantes são agora estabelecimentos onde é proibido fumar. Se quiser fumar enquanto bebe, vá a um bar que só sirva petiscos para acompanhar a bebida. Se não tiver certeza, fume do lado de fora.

5 Bufês de Café da Manhã Baratos

Na cidade inteira há bufês de café da manhã, onde se come à vontade sem gastar muito (especialmente em I-Drive e Kissimmee). Por alguns poucos dólares você se sente satisfeito e pode economizar comendo um lanche leve no lugar do almoço.

6 Os Madrugadores

Alguns restaurantes cobram menos quando o movimento é menor, em geral entre 16h e 18h, de segunda a sexta-feira. As ofertas costumam ser anunciadas do lado de fora ou nos carnês de cupons que você pega nas recepções de hotel e nas atrações turísticas. Muitos também oferecem duas bebidas ao preço de uma nesses horários.

7 Cardápio de Almoço x Cardápio de Jantar

Nos restaurantes mais finos, não só é difícil jantar nos horários de maior movimento como os pratos são caros. No almoço há menos opções, as porções são menores e os preços também. Para poupar dinheiro e estômago, considere a ideia de fazer a refeição principal durante o dia e comer algo leve à noite.

8 Dietas Especiais

Alguns restaurantes que normalmente não servem carnes e frutos do mar apreciam preparar pratos vegetarianos, desde que pedidos com alguma antecedência. Os restaurantes da Disney vão mais além e oferecem várias dietas especiais, como kosher, sem gordura e sem açúcar, para intolerância à lactose e antialérgicas. Avise com 24 horas de antecedência. ✆ *407-824-2222 (407-939-3463 se estiver na Disney).*

9 Happy Hours

Muitos bares (e restaurantes) têm happy hour, em geral entre 16h e 19h, quando oferecem duas bebidas pelo preço de uma. Alguns também servem tira-gostos especiais.

10 Frigobares

São armadilhas. Anos atrás, clientes mais criativos se serviam e depois completavam as garrafas com bebida de má qualidade. Hoje, os frigobares têm sensor: retire a garrafa por dez segundos e o preço dela – exorbitante – será posto na sua conta.

Protetor solar; Farmácia 24 horas

TOP 10 Dicas de Saúde

1 Calor, Sol e Insetos

O calor e a umidade do verão (de junho a meados de setembro) podem causar desidratação; beba pelo menos dois litros de líquido (de preferência água) por dia e use chapéu de aba larga e roupas arejadas. Tomar muito sol não só resulta em queimaduras desagradáveis como provoca insolação. Use protetor solar com alto fator de proteção. E, por mais que a Disney e a Universal se esforcem para acabar com pernilongos e mosquitos – inutilmente –, lembre-se também do repelente de insetos.

2 911

Ligue para esse número em caso de emergência médica e para solicitar a presença imediata da polícia ou dos bombeiros.

3 Hospitais e Primeiros Socorros

Informe-se na recepção de seu hotel ou resort sobre onde fica o hospital mais próximo. Não deixe de contratar algum tipo de seguro, porque os hospitais são caríssimos. Todos os grandes parques têm clínicas de primeiros socorros para ferimentos leves.

4 Pergunte ao Farmacêutico

Muitos farmacêuticos estão sempre dispostos a ajudá-lo a aplicar os primeiros socorros ou a esclarecer sobre a ingestão de medicamentos. A maioria das farmácias não fica aberta 24 horas, mas basta ligar para uma Walgreens ou CVS Pharmacy, que funciona 24 horas, que os farmacêuticos o atenderão por telefone *(p. 131).*

5 Atendimento Médico no Quarto

Médico que atende em casa é coisa do passado nas cidades americanas, mas nas áreas turísticas de Orlando há serviços de atendimento em casa e em quartos de hotel. Doctors on Call Service e Centra Care In-Room Services servem do sul de Downtown até Disney e Kissimmee. ✆ *Doctors on Call Service • 407-399-3627* ✆ *Centra Care In-Room Services • 407-238-2000*

6 Centra Care

O Walk-In Clinics Centra Care (associada ao Florida Hospital) tem várias clínicas nos condados de Orange, Seminole e Osceola *(p. 131).* Elas atendem emergências leves (fraturas, cortes que requerem sutura e febre). Em situações graves, ligue 911.

7 Farmácia 24 horas

Várias drogarias vendem remédios com receita ou não diretamente no balcão, de dia e de noite *(p. 131).* Outras farmácias com horários normais de funcionamento são encontradas nas Páginas Amarelas.

8 Atendimento Dentário

Este serviço nacional com ligação grátis ajuda a localizar o dentista mais próximo. Os telefones atendem das 8h às 20h de segunda a sexta-feira; o serviço de atendimento automático informa o site e transfere a ligação para um operador. Quem preferir escolher o dentista ou procurar um pronto-socorro dentário, deve consultar as Páginas Amarelas *(p. 131).* ✆ *888-343-3440 800-511-8663 • www.dentalreferral.com*

9 Controle de Venenos

Esta *hotline* funciona 24 horas e já salvou muitas vidas. Os operadores ajudam a lidar com o problema, acionam o resgate e respondem a perguntas. Mas lembre-se do 911 em qualquer situação de emergência. ✆ *800-222-1222.*

10 Visit Florida

Embora não deva ser usada em emergências, a corporação oficial de turismo da Flórida pode fornecer informações básicas sobre serviços médicos e assistência em todo o estado. Oferece também assistência em caso de perda de cartões de crédito e documentos, auxílio em acidentes, ajuda para chegar aos lugares e muito mais. Os operadores atendem em mais de 150 idiomas. ✆ *850-488-5607 • www.visitflorida.org*

Caixa automático (ATM); Quarters (25¢) e pennies (1¢)

TOP 10 Bancos e Comunicações

1 Telefones

Os números de Orlando têm dez dígitos, que incluem código de área (os da Flórida central são 407 e 321) mais sete dígitos. Para ligar para um número com código de área diferente (ou ligação gratuita), disque 1 antes do código e do número. Para ligar para o exterior, é melhor comprar um cartão telefônico.

2 Internet

Muitos cafés, restaurantes e lojas de fotocópias *(p. 131)* oferecem Wi-Fi grátis. Bibliotecas públicas e o aeroporto permitem acesso gratuito à internet.

3 Idiomas

Disney, Universal e os grandes hotéis têm atendentes que dominam espanhol, francês, alemão e, em alguns casos, holandês, japonês e outros idiomas. As informações também são escritas nesses idiomas. O Orlando/Orange County Convention & Visitors Bureau e USA Tourist têm sites em vários idomas. *www.visitorlandoinfo.com* *www.usatourist.com*

4 Correios

O United States Postal Service (USPS) *(p. 131)* tem onze agências de correio em Orlando. Há variações no horário de funcionamento, mas em geral é das 9h às 17h durante a semana; algumas abrem também aos sábados. Drugstores e hotéis também vendem selos, mas sempre um pouco mais caro do que nas agências de correio. Há caixas de correio (azuis) nas principais ruas e nos hotéis. Os grandes hotéis têm serviço de coleta diariamente.

5 Cartões de Crédito e Traveler's Checks

A maior parte dos hotéis, restaurantes, atrações e lojas aceitam cartões American Express, Discover, MasterCard e Visa. Alguns também aceitam cartões Diners Club, Carte Blanche e JCB. Traveler's Checks em dólares, American Express, Thomas Cook e Visa são aceitos em toda parte, com identificação.

6 Moeda e Câmbio

O dólar vem em notas de 1, 5, 10, 20, 50 e 100 dólares. As moedas em circulação são de 1 cent, 5 cents *(nickel)*, 10 cents *(dime)* e 25 cents *(quarter)*. Existem moedas de 1 dólar e de 50 cents, mas são muito raras. Há balcões de câmbio em todos os aeroportos, nas principais agências bancárias e perto dos serviços de atendimento e de relacionamento dos maiores parques temáticos.

7 ATMs (Caixas Automáticos)

Há caixas automáticos (ATMs) em praticamente todas as agências bancárias, nos principais parques, em shoppings, alguns hotéis e aeroportos. A maioria deles também faz retiradas com os cartões de crédito American Express, MasterCard e Visa. É cobrada uma taxa de US$1,50 a US$3 nas retiradas com cartões não afiliados a um banco em particular. É sempre mais barato usar cartão de débito, mas nem todos são aceitos em bancos americanos; confira os símbolos nos caixas eletrônicos antes de usar o seu.

8 Horário Bancário

Os bancos da Flórida central costumam abrir das 9h às 16h durante a semana (até 18h nas sextas-feiras). Algumas agências também funcionam sábado de manhã. A maioria tem caixas eletrônicos com acesso 24 horas.

9 Western Union

É possível fazer transferências internacionais de dinheiro entre as 101 mil agências e escritórios da Western Union em 187 países. Eles também enviam telegramas internacionais. *1-800-325-6000*

10 Impostos

Nos EUA não há imposto nacional sobre vendas. Cada Estado e condado arrecada seus próprios impostos. A Flórida cobra 6% de imposto sobre as vendas (6,5% em Orlando), que incide sobre tudo, exceto alimentos e alguns remédios. Os hotéis também cobram taxa adicional entre 3% e 5% *(p. 141)*.

Veja mais sobre endereços úteis nas **pp. 130-1**

Objetos de valor; Carro do xerife de Orange County; Limite de velocidade residencial

TOP 10 Dicas de Segurança

1 No Litoral

As praias da Flórida são bem guardadas por salva-vidas, mas é recomendável estar perto de um posto de salva-vidas e ficar de olho nas crianças pequenas. O mesmo é válido para rios e piscinas.

2 Telefones Úteis

Fora dos limites urbanos, o xerife do condado *(p. 131)* fica principalmente nos postos policiais: na Flórida central eles estão em Orange County, Osceola County e Seminole County. Para assuntos relacionados ao trânsito e às rodovias, ligue para a Florida Fish and Wildlife Commision. No litoral, procure a Florida Marine Patrol (Polícia Marítima). ✆ *Florida Highway Patrol • 407-897-5959* ✆ *Fish and Wildlife Commission • 352-732-1225*

3 Furacões

O litoral é o mais atingido por furacões, mas a Flórida central também é afetada. A temporada dos furacões vai de agosto a novembro. Se um deles se aproximar, fique dentro de um recinto fechado, longe das janelas, estoque água, comida enlatada e tenha uma lanterna. Para outras instruções e previsões, procure o National Hurricane Center. ✆ *www.nhc.noaa.gov*

4 Segurança nas Ruas

Tranque sempre o carro e o quarto do hotel. Antes de sair dirigindo, informe-se na locadora de carros, com os recepcionistas do hotel ou no Visit Florida *(p. 135)* sobre o caminho mais direto e seguro para o seu destino. Não entregue seu dinheiro a estranhos para ser trocado e, ao fazer um pagamento, confira se recebeu o troco certo antes de sair do local.

5 Objetos de Valor

Viajante esperto deixa objetos de valor em casa. Mas se tiver relógio, joia ou outros itens de valor, guarde-os no cofre do hotel. No cofre dos quartos, só objetos de menor valor. É aconselhável andar com cartões de crédito e traveler's checks em vez de grandes quantias em dinheiro.

6 Prefira Áreas Movimentadas e Bem Iluminadas

Orlando não tem índice de criminalidade muito alto mas tem espertalhões prontos para atacar. À noite, evite as áreas escuras (especialmente a oeste de Downtown e ao sul de Colonial Drive) e cuide muito bem da sua carteira.

7 Criança Perdida

Nada apavora mais a pais e responsáveis que se distrair por um momento e perceber que a criança desapareceu. Isso ocorre todos os dias nos parques de Orlando. Para facilitar o trabalho dos atendentes, as crianças abaixo de 7 anos devem usar etiqueta com seu nome, o do hotel e um número de telefone para contato. Se alguém de seu grupo se perder, procure um funcionário do parque e peça ajuda.

8 Cinto de Segurança

Por lei, motoristas e passageiros que circulam pela Flórida devem usar cinto de segurança. Crianças de até 5 anos precisam usar um cinto imobilizador *(child restraint)*; as de até 3 anos viajam presas na cadeirinha e as de 4 a 5 anos podem usar cadeira ou cinto de segurança. É aplicada multa de ao menos US$50 pelo não cumprimento da lei.

9 Beber e Dirigir

É proibido. A Flórida aplica a lei com rigor. Quem desobedece é condenado e preso. Eleja um motorista no grupo, não beba nessa noite, use transporte público ou tome um táxi. A polícia costuma passar pelos bares para ver quem está bebendo e espera do lado de fora que os beberrões entrem no carro para submetê-los ao teste do bafômetro.

10 Limites de Velocidade

Os limites de velocidade em estradas interestaduais, estradas com pedágio e grandes rodovias variam de 88 a 112km/h. Nas rodovias menores, o limite é de 72km/h e em áreas residenciais de 40 a 56km/h. As multas começam em US$160 e dobram em áreas escolares e construídas.

Veículo de locomoção; Vaga para portadores de deficiência; Viajantes Idosos

TOP 10 Idosos e Portadores de Deficiência

1 Guia para Viajantes Idosos

O site VisitOrlando.com tem sugestões para viajantes mais velhos que preferem alternar a diversão em parques temáticos com atividades culturais mais tranquilas. ✆ *407-363-5872* • *www.visitorlando.com*

2 Aposentados

A AARP (American Association of Retired Persons) é o grupo mais atuante dos EUA em defesa dos aposentados. O site traz matérias de viagens abertas a todos, mas só os sócios têm acesso a ofertas e descontos. Para se filiar, é necessário ter endereço nos EUA. ✆ *1-202-434-2277* • *www.aarp.org*

3 Road Scholar

Esta organização de viagens educativas envia pessoas com mais de 55 anos para fazer cursos (em geral de uma semana) pelo mundo. As ofertas em Orlando são inúmeras, de cursos de fotografia a política e filosofia. Hospeda em retiros, hotéis e acampamentos. ✆ *800-454-5768* • *www.roadscholar.org*

4 Disney Grandkids & You Getaway

Ciente de que muitos idosos vêm a Orlando com os netos, a Disney monta ocasionalmente pacotes com descontos. A maioria inclui três noites em hotel Disney, ingressos de vários dias para os parques e brindes para as crianças, como bonecas e cadernos de autógrafos. ✆ *407-934-7639* • *www.disney world.com*

5 Minivan com Aluguel Acessível

Este serviço oferece aluguel por dia, semana ou mês. As minivans têm entrada lateral e traseira e algumas dispõem de acesso por rampa ou elevador elétrico. ✆ *6307 Hansel Ave, Orlando* • *407-438-8010* • *www.accessible minivanrentals.com*

6 Walker Medical & Mobility Products

A Walker Medical & Mobility Products aluga cadeiras de rodas e triciclos elétricos, inclusive um para quem pesa mais que 170kg. Todos entram nos veículos de transporte da Disney e podem ser desmontados para ser acomodados nos carros. A empresa entrega nos hotéis e em domicílio. ✆ *888-726-6837* • *www.walkermobility.com*

7 Disney para Portadores de Deficiência

O guia *Guidebook for Guests with Disabilities* descreve os serviços para visitantes com necessidades especiais – por exemplo, acessibilidade nos parques, locais com indicações em braile, estacionamento para portadores de deficiência, aluguel de cadeira de rodas e elétrica, audioguias e unidades de tradução para deficientes auditivos. Esses guias são distribuídos nos Guest Services de todos os parques ou nos balcões de recepção dos hotéis Disney. ✆ *407-824-4321* • *www.disneyworld.com*

8 Universal para Portadores de Deficiência

Os parques e hotéis Universal oferecem audioguias, aluguel de cadeira de rodas e elétricas e aparelhos de telecomunicação para deficientes auditivos. O folheto pode ser retirado nos Guest Relations localizados nas entradas dos parques. Ligue para que seja enviado com antecedência, ou consulte o site. ✆ *407-363-8000* • *www.universal orlando.com*

9 SeaWorld® para Portadores de Deficiência

O SeaWorld® oferece guia e sinopse em braile de seus shows, e aparelhos de telecomunicação para deficientes auditivos. Todas as atrações e shows têm acesso adaptado. Aluga cadeiras de rodas e elétricas. O guia é distribuído nos Guest Relations. ✆ *407-351-3600* • *www.seaworld.com*

10 Society for Accessible Travel & Hospitality

Os sócios pagam anuidade para ter direito a uma série de serviços, mas não sócios também podem obter informações de viagens para portadores de deficiência (inclusive hotéis e atrações) mediante uma pequena quantia. ✆ *1-212-447-7284* • *www.sath.org*

Fique ensopado; Cardápio infantil; Carrinho de aluguel no SeaWorld®

TOP 10 Dicas para Famílias

1 Etiquetas com Nomes e Pontos de Encontro

É muito fácil se perder nos parques lotados. Se acontecer, procure um funcionário (eles usam uniforme) e peça ajuda. Crianças abaixo de sete anos devem usar etiquetas com seu nome, o nome do hotel e um telefone de contato. Crianças maiores e adultos devem definir um lugar no parque para se encontrarem caso se percam.

2 Pais Alternados

As restrições de peso *(abaixo)* muitas vezes impedem que as crianças pequenas entrem em alguns brinquedos. Os parques têm um programa que permite que um dos pais brinque e o outro fique com os filhos em uma área de espera especial; depois eles invertem. Talvez não seja tão divertido brincar sozinho, mas ninguém terá de voltar para a fila.

3 Aluguel de Carrinho e Berçário

Todos os grandes parques têm carrinho de bebê para alugar e ótimos berçários, que fornecem papinhas grátis. Há trocadores de fraldas nos banheiros femininos e em alguns banheiros masculinos. Orlando é bem receptiva a famílias, por isso encontrar instalações não é um problema.

4 Pausa para Se Refrescar

Percorrer os parques é cansativo em qualquer época do ano, e ainda mais no verão, quando esperar numa fila pode ser exaustivo. Faça pausas regulares em locais com ar-condicionado ou nas "áreas molhadas" *(abaixo)*.

5 Refrigerantes

Tenha salgadinhos para enganar a fome e não se esqueça da água. Há fontes de água potável nos parques, mas a água engarrafada é caríssima.

6 Molhar ou Não Molhar

Leve uma muda de roupa para os parques. Além dos brinquedos aquáticos, onde fatalmente você vai se molhar, as crianças gostam de correr pelas "áreas molhadas" para se refrescar, e nem sempre conseguem se secar. Capa de chuva é útil o ano todo: a Flórida tem pancadas de chuva no verão e no inverno.

7 Restrições aos Brinquedos

Os parques Disney têm poucas restrições de saúde e peso, embora a Disney's Hollywood Studios® seja mais restritiva. Os parques da Universal impõem mais limitações aos pequenos, especialmente Islands of Adventure® (com restrições na maioria dos principais brinquedos), mas, como a Universal Studios, também tem uma área especial para eles. O SeaWorld® tem restrições de peso em alguns brinquedos, e o Discovery Cove® exige no mínimo 6 anos para nadar com os golfinhos. Quem não sabe nadar também pode participar, mas certamente a experiência não será tão completa.

8 Cardápios Infantis

Em geral, os restaurantes mais caros e elegantes não são para as crianças, ou porque não têm cardápios infantis ou por proibirem a entrada a menores de 17 anos. Mas em geral os restaurantes oferecem algum tipo de cardápio infantil, na faixa de US$4 a US$6. Alguns também têm distrações como toalhas de papel e lápis de cera nas mesas.

9 Comer com Personagens

A Disney atrai famílias com crianças aos seus restaurantes, que cobram uma fortuna para o café da manhã, almoço e jantar com atores fantasiados como os personagens Disney. A Universal também tem um restaurante "com personagens", e o mesmo acontece fora dos parques *(p. 71)*.

10 Crianças não Pagam

Orlando é a Cidade das Crianças. Elas não pagam, mas são a razão para que os adultos o façam. Alguns hotéis não cobram diárias de crianças, porém, como a maioria dos quartos acomoda quatro pessoas, mesmo que hospedem só duas, as camas a mais já estão embutidas na diária.

Horário de pico na I-4; Merritt Island National Wildlife Refuge

TOP 10 A Evitar

1 Visita nas Férias

Todos os parques ficam lotados nas férias escolares dos Estados Unidos (fim de junho a fim de agosto; fim de dezembro e começo de janeiro; e meados de fevereiro e Páscoa). No verão é ainda pior, não só porque tudo fica cheio, mas por causa do calor. Os meses de menor lotação são novembro e início e fim de fevereiro.

2 Programe-se

Não passe todo o tempo nos parques, porque vai acabar se estressando. Programe-se para também conhecer as belezas naturais da Flórida central *(pp. 82-5)*, as atrações menores *(pp. 44-5)* e os museus *(pp. 60-1)*.

3 Chegar Cedo

Se você acha que é melhor entrar nos parques assim que eles abrem, saiba que não é bem assim. Crianças que chegam muito cedo já estão exaustas lá pelas 14h e ficam irritadas o resto do dia. É melhor fazer outra coisa de manhã e ir aos parques à tarde e à noite. As temperaturas são mais baixas e os parques ganham uma aura de magia quando iluminados.

4 Não Ser Inflexível

Relaxe. Você está de férias. Não há nenhum prêmio para quem insiste em entrar em todos os brinquedos do parque em um único dia. Planeje-se, mas seja flexível. Não queira fazer tudo o que está na sua lista; deixe algumas coisas para a próxima visita.

5 Comer no Parque

Em geral, comida de parque temático é cara e ruim; não desperdice sua principal refeição do dia. Em vez disso, confira os restaurantes de Citywalk na Universal *(p. 105)*; e, na Disney, visite as excelentes opções do resort e descubra que os bons restaurantes têm a melhor relação custo-benefício. Os parques permitem entrar de novo no mesmo dia com ingressos individuais – cada portador de ingresso obtém uma impressão digital por scan para a reentrada.

6 Ingressos Grátis e com Desconto

São tantas as ofertas que circulam por Orlando que dá para desconfiar. Se lhe oferecerem ingressos grátis ou com um desconto muito grande, desconfie, principalmente se forem da Disney. A maioria são vendedores de ocasião que farão qualquer coisa para convencê-lo a "comprar" férias semanais pelos próximos 20 anos. Alguns ingressos até são legítimos, mas custarão muito mais caro.

7 Maiô Pequeno nos Parques Aquáticos

Para as mulheres, é mais adequado usar maiô inteiriço nos parques aquáticos, pois a maioria das melhores atrações pode fazê-las perder a parte de cima do biquíni. Não é bom ir descalço, pois o chão fica muito quente – vá de havaianas ou crocs.

8 Transporte Público

Embora os ônibus Lynx sejam vistos por toda parte, não conte com eles, em especial para fazer viagens mais longas. Eles param com frequência e são notoriamente lentos, mas de qualquer modo oferecem ligação barata com o aeroporto.

9 Downtown's Westside

As partes sul de Downtown na Colonial Drive e oeste da I-4 não são áreas seguras para circular. Evite esses lugares. Se precisar ir a algum lugar que fique em um deles, como a estação dos ônibus Greyhound, vá de táxi.

10 Congestionamentos na I-4

Também chamada de "Estacionamento de Orlando", a I-4 tem grandes congestionamentos, principalmente à tarde, entre 15h e 18h30, quando os funcionários dos parques voltam para casa. O trânsito gerado pela Disney na I-4, entre Lake Buena Vista e US Hwy 192, tem vida própria. Aqui, os congestionamentos podem acontecer o dia inteiro.

Motel familiar; Vista de um quarto de hotel

TOP 10 Onde Ficar

1 Impostos de Hospedagem e Vendas

Os hotéis têm tantas taxas embutidas que você leva um susto na hora de fechar a conta. As taxas cobradas pelo frigobar e por filmes pay-per-view são sempre muito altas. Mas os impostos de vendas *(p. 132)* e os impostos de hospedagem são os que mais pesam na conta. Orange County, que inclui os parques temáticos, I-Drive e Downtown Orlando, arrecada 5% de taxa de serviço; Osceola County, que inclui Kissimmee, arrecada 6%; e Seminole County, que inclui Sanford *(p. 85)*, arrecada 5%. Lembre-se de acrescentar os impostos e taxas quando calcular seu orçamento.

2 Rack Rates

É o preço que não se deve pagar pelo quarto! É a tarifa cheia, cobrada de quem não tem cupom ou pacote, ou direito a desconto ou a uma oferta especial. É utilizado aqui como valor de referência, mas não se baseie por ele. Insista em uma negociação melhor – que é sempre possível. Pergunte sempre se é cobrada alguma taxa adicional de resort para evitar surpresas na hora do check-out.

3 Quartos com Vista

Muitos hotéis pedem mais pelos quartos com vista para qualquer coisa que não seja um estacionamento ou o prédio ao lado. Antes de pagar, calcule quanto tempo pretende passar em seu quarto.

4 As Vantagens de Hospedar-se com Mickey

As vantagens são estar perto dos parques, ter direito ao sistema de transporte gratuito da Disney *(p. 127)*, conseguir os T-times preferidos nos campos de golfe *(pp. 54-5)* e ter mais tempo nos parques e mais facilidade de interromper a programação e retornar à base para um cochilo ou um banho de piscina.

5 As Desvantagens de Hospedar-se com Mickey

A maior desvantagem são os preços. As tarifas dos Disney World® Resorts são cerca de 30% mais caras que as das demais acomodações do lado de fora.

6 Tipos de Acomodação

Orlando tem cerca de 117 mil quartos de hotel. A maioria são unidades funcionais, mas há muitas outras ofertas muito mais caras, dos luxuosos resorts aos exclusivos B&Bs e hotéis-butique.

7 Reservas

Além de fazer reservas independentes ou tratar direto com resorts Disney e Universal, os turistas podem usar redes de reserva para reservar quartos. Central Reservation Service (CRS), Orlando.com e Kayak.com são as três mais procuradas. *Walt Disney World • 407-828-8101 • www.disneyworld.com* *Universal • 407-224-7000 • www.universalorlando.com* *CRS • 407-740-6442 • www.crshotels.com* *Orlando.com • 800-675-2636 • www.orlando.com* *Kayak • www.kayak.com*

8 Opções Terra-Mar

Viagem diferente é comprar um pacote de sete dias por terra e mar, incluindo estadia em um ou mais resorts Disney e cruzeiro pelo Caribe. *Disney Cruise Line • 800-951-3532 • www.disneycruise.com*

9 Motéis para Famílias

A maioria dos motéis de Orlando esforça-se para que as crianças sejam tratadas como reis. Em geral, menores de 17 anos hospedam-se de graça se acompanhados de adultos. Nickelodeon Suites Resort *(p. 145)* e Holiday Inn Resort *(p. 145)* oferecem mais do que a média para as crianças.

10 Telefonemas no Quarto

Não use sem se informar antes sobre como é cobrada cada ligação. Alguns hotéis oferecem ligações locais de graça, outros cobram caro por isso. Alguns impõem uma tarifa de US$1 mais serviço sempre que o telefone for usado (inclusive números gratuitos), além das taxas para interurbanos.

Veja mais sobre as listas de acomodações nas **pp. 142-9**

Portofino Bay Hotel, réplica de um vilarejo italiano real

TOP 10 Disney & Universal Resorts

1 Disney's Grand Floridian Resort e Spa

O mais luxuoso hotel da Disney, um resort em estilo Nova Inglaterra do século XX. Animação musical ao estilo ragtime e quartos espaçosos que prometem romance e oferecem vistas espetaculares. Tem spa e academia completos e quadras de tênis. *4401 Floridian Way • Mapa F1 • 407-824-3000 • www.disneyworld.com • $$$$*

2 Disney's BoardWalk Inn & Villas

Esta vila dos anos 1940 é o menor hotel de luxo da Disney. Os quartos são deliciosamente nostálgicos; também há algumas vilas para quem quer mais espaço. Ótima localização para todas as facilidades e agitação do BoardWalk. *2101 N. Epcot Resorts Blvd • Mapa G2 • 407-939-5100 • www.disneyworld.com • $$$$*

3 Portofino Bay Hotel

Este resort Universal é uma réplica de Portofino, Itália, com acesso direto aos barcos e aos "pescadores" no cais. Os quartos são espaçosos, com luxuosos lençóis de algodão. As máquinas de *gelati* (sorvetes) ao lado da piscina são outro toque de classe. Os hóspedes podem "furar fila" dos brinquedos e shows da Universal. *5601 Universal Blvd • Mapa T1 • 407-503-1000 • www.universalorlando.com • $$$$*

4 Walt Disney World Dolphin

Este resort da Disney também oferece alguns mimos Disney, como direito ao sistema de transporte público *(p. 127)*. A pirâmide de 27 andares tem esculturas imensas, uma cachoeira e mais de 1.500 suítes e quartos. *1500 Epcot Resorts Blvd • Mapa G2 • 407-934-4000 • www.swandolphin.com • $$$*

5 Walt Disney World Swan

Com dois cisnes de 14m no telhado, é um hotel inconfundível. Os quartos são um pouco menores que os do hotel Dolphin, da mesma rede, mas os hóspedes do Swan têm direito a usar as facilidades e instalações do Dolphin, inclusive o spa. *1200 Epcot Resorts Blvd • Mapa G2 • 407-934-3000 • www.swandolphin.com • $$$*

6 Disney's Yacht Club Resort

Aqui, o tema é um iate clube da Nova Inglaterra. Alguns dos 630 quartos em estilo náutico têm vista para o lago. Os hóspedes caminham dez minutos para chegar ao Epcot. *1700 Epcot Resorts Blvd • Mapa G2 • 407-934-7000 • www.disneyworld.com • $$$$*

7 Disney's Wilderness Lodge

Rodeado por carvalhos e pinheiros altos, é um lindo resort de madeira, inspirado no Yosemite Lodge, do Yosemite National Park. Alguns quartos dão vista para a floresta; as vilas são espaçosas e têm cozinha. *901 W. Timberline Dr • Mapa F1 • 407-824-3200 • www.disneyworld.com • $$$$*

8 Disney's Port Orleans Resort

Você pode se hospedar nas casas coloniais do French Quarter ou nas mansões sulistas de Riverside. Os consumistas adoram a localização. *2201 Orleans Dr • Mapa F2 • 407-934-5000 • www.disneyworld.com • $$$*

9 Hard Rock Hotel

Este resort da Universal tem arquitetura de estilo Mission, tema rock 'n' roll e quartos bonitos e confortáveis – a melhor vista é a dos que dão para o lago. Hóspedes têm prioridade nas filas dos shows e brinquedos nos parques da Universal. *5000 Universal Blvd • Mapa T1 • 407-503-7625 • www.universalorlando.com • $$$$*

10 Disney's Value Resorts

Os resorts All-Star Movies, All-Star Music e All-Star Sports têm quartos relativamente pequenos, mas as diárias são as mais baratas no Walt Disney World® Resort. *407-934-7639 • Mapa G1 • www.disneyworld.com • $$*

A menos que especificado, os hotéis têm AD, AC, piscina, estacionamento e acomodação para crianças; e aceitam cartões

Villas of Grand Cypress

Categorias de Preço

Diária de quarto de casal (com café da manhã, se houver), impostos e taxa de serviço.

$	até $90
$$	$90-$180
$$$	$180-$250
$$$$	acima de $250

TOP 10 Hotéis de Luxo

1 Hyatt Regency Grand Cypress

Resort enorme e um dos lugares mais incríveis para se hospedar em Orlando. O átrio de dezoito andares tem elevadores de vidro com vistas espetaculares; alguns quartos têm banheira de hidromassagem, e ainda há campo de golfe, quadras de tênis *(p. 56)*, praia e muita natureza, com lago e cachoeiras. *1 Grand Cypress Blvd • Mapa F2 • 407-239-1234 • www.grandcypress.hyatt.com • $$$$*

2 Buena Vista Palace Hotel and Spa

Os quartos elegantes deste que é o maior hotel de Lake Buena Vista têm terraço com vista para o lago ou pátios. Os quartos hipoalergênicos contam com sistema de ar e água filtrados. Este hotel de luxo é espaçoso e tem quartos com ótimas vistas dos fogos de artifício do Epcot®. *1900 Buena Vista Dr • Mapa F2 • 407-827-2727 • www.buenavistapalace.com • $$$*

3 Villas of Grand Cypress

A propriedade irmã do Hyatt oferece condomínios e casas, e mais algumas suítes. Algumas acomodações possuem banhos romanos e pátios. Oferecem campo de golfe, quadras de tênis, trilhas de bicicleta e pescaria. *1 N. Jacaranda • Mapa F2 • 800-835-7377 • www.grandcypress.com • $$$$*

4 Gaylord Palms Resort

Localizado em uma grande área ajardinada, este resort abriga cinco restaurantes, duas piscinas, dois bares e três residências independentes no estilo Flórida. Tem spa completo e berçário, e é bem localizado para os parques. *6000 W. Osceola Pkwy • Mapa G2 • 407-586-2000 • www.gaylordhotels.com • $$$*

5 Renaissance Orlando at SeaWorld®

Não só os quartos confortáveis, como os banheiros de mármore deste hotel moderno são gigantes. Até o átrio, cheio de aquários, cachoeiras e palmeiras, tem altura de dez andares. *6677 Sea Harbor Dr • Mapa T5 • 407-351-5555 • www.renaissancehotels.com • $$$$*

6 Peabody Orlando

Este hotel é elegante na aparência, tem atendimento simpático e está muito bem localizado para as atrações em I-Drive. Além de ser o lar dos Peabody Ducks *(p. 46)*, conta com quadra de tênis na cobertura e também uma academia. *9801 International Dr • Mapa T4 • 407-352-4000 • www.peabody-orlando.com • $$$$*

7 Marriott's Orlando World Center

Os 2 mil quartos desta torre de 28 andares são um pouco menores que os outros na mesma categoria de preço, mas são muito mais bem equipados. O hotel tem muitas outras atrações, inclusive um spa e a maior piscina da cidade. *8701 World Center Dr • Mapa G2 • 407-239-4200 • www.marriott-hotels.com • $$$*

8 Grand Bohemian

As camas muito macias são um dos principais atrativos deste elegante hotel no centro. Os quartos são modernos, e as áreas comuns exibem excelentes obras de arte. *325 S. Orange Ave • Mapa P3 • 407-313-9000 • www.grandbohemianhotel.com • $$$$*

9 Waldorf Astoria

Este hotel refinado, em área de 195ha, tem quartos muito bem mobiliados, campo de golfe profissional e bares e restaurantes à altura do estabelecimento original em Nova York. *14200 Bonnet Creek Resort Lane • Mapa G2 • 407-597-5500 • www.waldorfastoria orlando.com • $$$$*

10 Disney's Animal Kingdom® Lodge

Este resort da Disney lembra um pavilhão de caça em um *kraal* (complexo) semicircular da África do Sul. Os quartos têm temas africanos e alguns oferecem vista para uma savana cheia de animais. *2901 Osceola Pkwy • Mapa G1 • 407-938-3000 • www.disneyworld.com • $$$$*

Doubletree by Hilton Guest Suites; Holiday Inn Walt Disney

TOP 10 Hotéis de Preço Médio (A-G)

1 Best Western Lake Buena Vista Resort Hotel

Neste hotel oficial da Disney todos os quartos têm sacada, alguns com vista para os bonitos jardins que contornam o lago. Oferece transporte grátis para os principais parques Disney e fica a uma curta distância a pé do Downtown Disney. *2000 Hotel Plaza Blvd • Mapa F2 • 407-828-2424 • www.lakebuenavistaresorthotel.com • $$*

2 Caribbean Beach Resort

O maior hotel da Disney (com 2.112 quartos) é dividido em cinco "povoados": Aruba, Trinidad, Martinique, Barbados e Jamaica, cada um com sua própria piscina e sua praia. Os quartos não são lá grande coisa, mas os preços compensam. *900 Cayman Way • Mapa G2 • 407-934-3400 • www.disneyworld.com • $$$*

3 Bohemian Hotel Celebration

Os bonitos quartos voltados para o lago deste resort de três andares com molduras de madeira dão vista para a natureza. Os confortos incluem uma piscina externa com hidromassagem, uma academia e trilhas naturais. Tem um campo de golfe de dezoito buracos *(p. 54). 700 Bloom St • Mapa G2 • 407-566-6000 • www.celebrationhotel.com • $$$*

4 Courtyard at Lake Lucerne

O melhor B&B de Downtown tem quatro prédios de época, do vitoriano Norment-Parry Inn ao art déco Wellborn Suites; esta última tem apartamentos e suíte nupcial. *211 N. Lucerne Circle E • Mapa P3 • 407-648-5188 • www.orlandohistoricinn.com • Sem piscina • $$*

5 Courtyard by Marriott, Lake Buena Vista Centre

Este hotel tem duas piscinas externas aquecidas, salão de jogos e uma Pizza Hut no recinto. É bem localizado para os parques. *8501 Palm Pkwy • Mapa F3 • 407-239-6900 • www.courtyard.com • $$*

6 Extended Stay Deluxe Orlando Convention Center

Das 137 suítes, algumas têm acesso para cadeira de rodas, outras são adaptadas para deficientes auditivos. Tem piscina aquecida, uma jacuzzi, grelhas para churrasco e está no circuito do I-Ride Trolley. Ônibus grátis para a Disney. *8750 Universal Blvd • Mapa E3 • 407-903-1500 • www.extendedstay.com • $$*

7 The Holiday Inn Resort Orlando – The Castle

As altas torres espiraladas deste hotel lembram os castelos de conto de fadas – desde que sejam rosa e azul, claro. Os 216 quartos e sete suítes têm TVs de tela grande e Playstations. O resort conta com terraço de cobertura, academia e dois restaurantes. *8629 International Dr • Mapa T3 • 407-345-1511 • www.thecastleorlando.com • $$*

8 Doubletree by Hilton Guest Suites

Neste hotel Disney oficial você é recebido com biscoitos caseiros e levado a uma aconchegante suíte de um ou dois quartos. Com paisagismo em torno da piscina e um spa, é impossível não relaxar. *2305 Hotel Plaza Blvd • Mapa F2 • 407-934-1000 • www.doubletreeguestsuites.com • $$*

9 Doubletree by Hilton Universal Orlando

Uma reforma de US$16 milhões transformou este antigo hotel de convenções num dos preferidos dos viajantes que querem ficar perto dos parques Universal. As duas torres do hotel têm 742 quartos e suítes modernos; os do lado oeste dão vista para os parques e CityWalk. *5780 Major Blvd • Mapa U1 • 407-351-1000 • www.doubletreeorlando.com • $$*

10 Caribe Royale

Hotel numa área de 21ha, com suítes bem equipadas de um dormitório e transporte para Downtown Disney® e para os parques temáticos. *8101 World Center Dr • Mapa G3 • 407-238-8000 • www.thecaribeorlando.com • $$$*

A menos que especificado, os hotéis têm AD, AC, piscina, estacionamento e acomodação para crianças; e aceitam cartões

Nickelodeon Suites Resort

Categorias de Preço

Diária de quarto de casal (com café da manhã, se houver), impostos e taxa de serviço.

$	até $90
$$	$90-$180
$$$	$180-$250
$$$$	acima de $250

TOP 10 Hotéis de Preço Médio (H-Z)

1 Nickelodeon Suites Resort

As crianças mandam neste resort, onde as Kidsuites (para até sete crianças) têm TVs de tela grande. Há outros tipos de suíte, como as Cinemasuites, com telões ainda maiores. As atividades vão do karaokê ao pingue-pongue, e tem dois parques aquáticos. *14500 Continental Gateway • Mapa G3 • 407-387-5437 • www.nickhotel.com • $$$*

2 Holiday Inn Lake Buena Vista Resort

Este hotel é uma boa opção para deixar as crianças contentes. Além das Kidsuites temáticas de dois quartos, tem um programa de atividades livres para crianças de 3 a 12 anos de idade. Elas podem assistir a filmes de dentro da piscina e comem de graça. *13351 Apopka-Vineland Rd • Mapa G3 • 407-239-4500 • www.hiresortlbv.com • $$*

3 Holiday Inn Walt Disney

Confortável, este Holiday Inn constitui uma boa opção na faixa do Hotel Plaza. O elevador de vidro sobe pelos catorze andares do átrio cheio de plantas, num passeio atraente. Além de oferecer transporte grátis para a Disney e Wi-Fi, o hotel não cobra taxa de resort. *1805 Hotel Plaza Blvd • Mapa F2 • 407-828-8888 • www.hiorlando.com • $$*

4 Quality Suites Orlando

Estas suítes modernas e luxuosas em cores neutras, com salas e cozinhas espaçosas, podem acomodar até seis pessoas. Oferece café e chá grátis no lobby e transporte para os parques da Disney. Diária com café da manhã. *8200 Palm Pkwy • Mapa F2 • 407-465-8200 • www.quality-suiteslvb.com • Não há AD • $$*

5 Hotel Royal Plaza

Alguns quartos deste hotel têm banheira de hidromassagem; os que estão voltados para a piscina têm sacada ou pátio. A piscina é aquecida, tem jacuzzi, centro de ginástica e quatro quadras de tênis iluminadas. *1905 Hotel Plaza Blvd • Mapa F2 • 407-828-2828 • www.royalplaza.com • $$$*

6 World Gate Resort

Voltado para famílias e para quem viaja a negócios, tem quartos com estações de trabalho, geladeira, internet e roupa de cama de qualidade. Preço, localização e serviço fazem dele uma boa opção. *3011 Maingate Lane • Mapa G2 • 407-396-1400 • www.worldgateresorts.com • $$*

7 Heron Cay Lakeview B&B

Este hotel em estilo vitoriano cercado por um grande jardim fica na frente do lago Dora. A suíte Queen Victoria, com móveis dourados e cama de baldaquino é a mais convidativa dos seis quartos. Cafés da manhã gourmet incluem estrato de espinafre e panquecas de batata. *495 Old Hwy 441 • Mapa complementar • 352-383-4050 • $$$ • www.heroncay.com*

8 Springhill Suites

Este agradável hotel-suíte localizado em Marriott Village está perto da Disney. Todas as suítes têm duas camas duplas ou king size, sala de estar e cozinha independentes. *8601 Vineland Ave • Mapa G2 • 407-938-9001 • www.marriott.com • $-$$*

9 Thurston House

Construído em 1885, no meio de um bosque no norte de Orlando, a minutos do centro, este elegante B&B é um reduto tranquilo, popular entre adultos. Os quatro quartos, com camas queen size, dão para o lago Eulalia. Não permite fumar e não tem piscina, mas a sensação de sentir-se em casa longe de casa é única. *851 Lake Ave • Mapa K3 • 407-539-1911 • www.thurstonhouse.com • Não há AD • $$*

10 Liki Tiki Village

A apenas 11km do portão sul da Disney, o Liki Tiki é um complexo luxuoso de casas mobiliadas. Ao lado de um grande parque aquático, dificilmente as crianças o trocarão pelos parques. *17777 Bali Blvd, Winter Garden • 407-856-7190 • Mapa complementar • www.likitiki.com • $$*

Clarion Resort Waterpark; Placa do Quality Inn

TOP 10 Hotéis Econômicos (A-H)

1 Best Western Mount Vernon Inn
Localizado cerca de 32km ao norte do Disney World, é um motel colonial aconchegante, com uma equipe simpática. Há um parque da cidade perto, e o charmoso Winter Park fica a poucos minutos. ✆ *110 S. Orlando Ave • Mapa H4 • 407-647-1166 • www.bestwestern.com • $*

2 Clarion Inn Lake Buena Vista
Bem localizado, este hotel oferece ônibus grátis para os parques. Tem duas piscinas e uma pequena mercearia. As crianças se hospedam e comem de graça no restaurante do hotel. ✆ *8442 Palm Pkwy • Mapa F3 • 407-996-7300 • www.clarionlbv.com • $*

3 Howard Johnson Inn Maingate East
Os quartos na pousada são esparsos e pequenos, mas têm consoles Nintendo. Peça um de fundos para fugir do barulho do trânsito. Para cada adulto pagante, uma criança come de graça no restaurante. Tem alguns apartamentos pequenos. ✆ *6051 W. Irlo Bronson Memorial Hwy • Mapa G2 • 407-396-1748 • www.hojomge.com • $*

4 Rosen Inn
Os 315 quartos do Rosen Inn têm camas queen ou king size, geladeira e micro-ondas. Dispõe de piscina e vários restaurantes. Os hóspedes têm transporte grátis para a Universal® Orlando e para o SeaWorld® Orlando, ou podem usar a parada do I-Drive Trolley que fica em frente ao hotel. ✆ *5858 International Dr • Mapa U2 • 407-351-1900 • www.daysinn.com • $*

5 Days Inn Orlando International Drive
Diárias baratas e boa localização no extremo norte da I-Drive são as vantagens deste Days Inn. Os quartos são pequenos e básicos. O parque aquático particular tem tobogãs de três andares, fontes e um rio tranquilo. Ônibus grátis para os parques. ✆ *5858 International Dr • Mapa U2 • 407-351-1900 • www.daysinn.com • $*

6 Days Inn Convention Center
Esta sucursal da cadeia Days Inn é uma boa base tanto para quem participa de uma convenção quanto para quem está em férias. O hotel é cercado por um belo paisagismo, e tem creperia e playground. ✆ *9990 International Dr • Mapa T5 • 407-352-8700 • www.days inn.com • $*

7 Best Western Lakeside
A apenas 1km de Disney World, o hotel tem serviço de ônibus grátis para muitos parques. São três restaurantes e três piscinas em 9.712ha de terreno ajardinado. Os quartos são claros e espaçosos e a relação custo-benefício é excelente. ✆ *7769 W. Highway 192 • Mapa G2 • 407-396-2222 • www.bestwestern.com • $*

8 Clarion Resort Waterpark
Este motel de três andares com bons quartos é base para quem faz esportes e gosta de natureza, porque as instalações e as atividades ficam próximas. O parque aquático do hotel tem escorregadores de três andares, fontes e um rio artificial para boias. ✆ *2261 E. Irlo Bronson Memorial Hwy • Mapa H5 • 407-846-2221 • www.choicehotels.com • $$*

9 Galleria Palms Hotel & Suites
O hotel é mais bonito que a maioria dos estabelecimentos nesta faixa de preço. Os quartos são pequenos, mas abrigam até quatro pessoas. Tem ônibus grátis para Disney e a diária inclui café da manhã, acesso à internet e ligações locais gratuitas. ✆ *3000 Maingate Lane • Mapa G2 • 407-396-6300 • www.galleriakissimmeehotel.com • $$*

10 Home Suite Home Eastgate
Os quartos são básicos – como em todas as cadeias econômicas – e pequenos, mas este motel de cinco andares tem sala de videogame, playground, duas quadras de tênis, e é perto da Disney. ✆ *5565 W. Irlo Bronson Memorial Hwy • Mapa G2 • 407-396-0707 • $ • www.homesuitehome.com*

A menos que especificado, os hotéis têm AD, AC, piscina, estacionamento e acomodação para crianças; e aceitam cartões

Categorias de Preço

Diária de quarto de casal (com café da manhã, se houver), impostos e taxa de serviço.	
$	até $90
$$	$90-$180
$$$	$180-$250
$$$$	acima de $250

Best Western Mount Vernon Inn

TOP 10 Hotéis Econômicos (H-Z)

1 Inn Nova

Os quartos em estilo motel (com duas camas duplas) são o lado ruim, mas a localização, imediatamente a oeste da Disney, é uma grande vantagem. *9330 W. Irlo Bronson Memorial Hwy • Mapa G3 • 863-424-8420 • $*

2 Metropolitan Express

Distante apenas 1,6km dos parques Universal e Wet'n Wild®, o motel tem transporte gratuito para Disney. Os quartos – com duas camas duplas – são simples, mas agradáveis. A diária inclui café da manhã. *6323 International Dr • Mapa T2 • 407-351-4430 ou 800-276-7415 • www.orlandometropolitanexpress.com • $*

3 Comfort Suites Universal Studios

Este hotel fica a poucos minutos da I-Drive, do Wet'n Wild® e do Universal Studios Florida®. Os quartos têm geladeira, micro-ondas e Wi-Fi grátis, e o café da manhã está incluído na diária. *5617 Major Blvd • Mapa U1 • 407-363-1967 • www.comfortsuites.com • $*

4 Enclave Suites at Orlando

As Enclave Suites ficam perto dos grandes parques temáticos. Têm vários aspectos positivos para famílias, como piscinas, playgrounds e várias opções para comer no local, incluindo Pizza Hut. *6165 Carrier Dr • Mapa T2 • 800-457-0077 • www.enclavesuites.com • $$*

5 Ramada Inn

Os quartos estão um degrau acima da maioria nesta categoria de preço, e na maior parte não se ouve o barulho do trânsito da I-Drive. O motel fica entre SeaWorld® e os parques Universal e no circuito do I-Ride Trolley *(p. 127)*. A diária inclui café da manhã continental. *8342 Jamaican Ct • Mapa T3 • 407-363-1944 • www.ramada.com • $*

6 Rosen Inn at Pointe Orlando

Lugar mais valorizado pela localização na I-Drive, bem na frente de Pointe Orlando. Os quartos standard são muito pequenos; se você precisa de espaço, peça uma semissuíte. Três piscinas, dois salões de jogos e uma lanchonete 24 horas são alguns dos confortos internos. *9000 International Dr • Mapa T4 • 407-996-8585 • www.roseninn9000.com • $*

7 La Quinta Inn & Suites UCF

Este hotel que fica próximo da University of Central Florida é para quem quer ficar na zona leste de Orlando. Os quartos são confortáveis e as tarifas incluem café da manhã, acesso à internet, ligações locais e jornais diários. *11805 Research Pkwy • Mapa complementar • 407-737-6075 • www.lq.com • $$*

8 Ramada Orlando International Drive Lakefront

Perto da Universal e do Wet 'n Wild®, dispõe de quartos a partir dos quais há belas vistas do lago. Conta com Wi-Fi gratuito, transporte para a Disney e quadras de basquete e tênis. Não cobra taxa de resort. *6500 International Dr • Mapa T3 • 407-345-5340 • www.ramada.com • $$*

9 Palms Hotel & Villas

Além de bem localizado para o Walt Disney World® Resort, tem ônibus para os parques Disney. Os atendentes ajudam na compra de ingressos e reservas. Café da manhã de cortesia. *3104 Parkway Blvd • Mapa G2 • 407-396-8484 • www.thepalmshotelandvillas.com • $$*

10 Royal Celebration Inn

Situado no lago Cecile, este motel fica a 8km da casa do Mickey. Os quartos são um pouco apertados, mas há café da manhã continental e transporte gratuito para a Disney. Tem uma praia à beira do lago, com jet-skis e esqui aquático. *4944 W. Irlo Bronson Mem. Hwy • Mapa H3 • 407-396-4455 • www.royalcelebrationorlando.com • $*

Veja mais sobre como se divertir sem gastar muito nas **pp. 46-7**

Sheraton's Vistana Resort; Beach Tree Villas

TOP 10 Casas e Condomínios

1 Disney Vacation Club

As unidades de luxo da Disney vendidas em sistema de *time-share* (venda por tempo determinado) também podem ser alugadas. As propriedades ficam em terreno da Disney, incluindo o Old Key West Resort, o Animal Kingdom Lodge e as Boardwalk Villas. *800-800-9100 • Mapa F2, G2 e F1 • www.dvcresorts.com • $$$$*

2 Sheraton's Vistana Resort

Este resort tem modernas vilas e casas geminadas, com um ou dois quartos e todos os confortos domésticos, que podem ser alugadas por semana. As quadras de tênis são excelentes. *8800 Vistana Center Dr • Mapa G2 • 407-239-3100 • www.starwood.com/sheraton • $$$*

3 Summer Bay Resort

As ofertas no Summer Bay vão de apartamentos de um quarto a casas com três quartos, sempre com máquina de lavar e secar. A propriedade tem um clube e oferece jet-ski, esqui aquático e canoagem em vários lagos. *17805 W. Irlo Bronson Memorial Hwy • Mapa G1 • 811-782-9387 • www.summerbayresort.com • $$*

4 Liki Tiki Village

Este luxuoso resort com temática polinésia tem condomínios com um e dois dormitórios, cozinhas totalmente equipadas, TV grande, banheira de hidromassagem e lavadora e secadora de roupa. O resort oferece refeições à beira da piscina, parque aquático infantil, tênis, minigolfe e muitas outras diversões. *17777 Bali Blvd, Kissimmee • Mapa complementar • 888-697-7152 • www.likitiki.com • $$*

5 Marriott Vacation Club International

O programa de *time-share* do Marriott oferece cinco locações em Orlando. Os apartamentos e as vilas também podem ser alugados por semana. Algumas vilas têm pátio ou varanda, com programas de atividades físicas, academias, preferência em campos de golfe, quadras de tênis, clubes sociais e saunas. *800-845-5279 • www.vacationclub.com • $$$*

6 Holiday Villas

Para quem gosta de espaço, o Holiday Villas oferece condomínios de dois e três dormitórios que acomodam até oito pessoas, em oito propriedades diferentes perto da Disney. Todo quarto tem lavadora e secadora de roupa. *4201 Vineland Rd • Mapa G3 • 800-344-3959 • www.holidayvillas.com • $$*

7 Blue Tree Resort

As elegantes e espaçosas vilas de um e dois quartos da Blue Tree são bem localizadas para as atrações da Disney. O resort tem quatro piscinas, duas quadras de tênis, uma de vôlei e um playground. As diárias podem incluir ou não serviços domésticos. *12007 Cypress Run Rd • Mapa F3 • 407-238-6000 • www.bluetreeorlando.com • $$*

8 Orlando Breeze Resort

Este resort, com suas casas de dois e três dormitórios, é uma verdadeira casa fora de casa para seus hóspedes. E não tem as multidões e o frenesi turístico das áreas mais procuradas. *121 Emerald Loop • Mapa complementar • 1-800-613-0310 • www.silverleaf resorts.com • $$*

9 Island One Resorts

São quatro resorts temáticos, todos com casas espaçosas em condomínios e vilas de um a três quartos. As facilidades vão desde piscinas com hidromassagem até trilhas naturais, além da possibilidade de comprar ingressos com desconto para as atrações. *8680 Commodity Circle • 407-859-8900 • www.islandone.com • $$*

10 Beach Tree Villas

Ótimo para famílias, tem casas de dois a quatro dormitórios, as maiores com piscina privativa. Centro de recreação, sauna e quadra de tênis, mas serviços domésticos cobrados à parte. A estadia mínima nas vilas é de quatro noites; nas casas, cinco. *2545 Chatham Circle • Mapa G3 • 407-396-7416 • www.beachtreevillas.com • $$*

A menos que especificado, os hotéis têm AD, quartos para fumantes, AC, piscina, estacionamento e acomodação para crianças, e aceitam cartões.

Orlando Southwest Fort Summit KOA

Categorias de Preço

Diária de quarto de casal (com café da manhã, se houver), impostos e taxa de serviço.	
$	até $90
$$	$90-$180
$$$	$180-$250
$$$$	acima de $250

TOP 10 Perto da Natureza

1 Fort Wilderness Resort & Campground

Grandes áreas de *pinus* e ciprestes, lagos com peixes e ar puro cercam este resort Disney. São 783 barracas e 409 cabanas para seis pessoas, com cozinha (as mais novas têm deque). Passeios de barco ou a cavalo são duas das atividades ao ar livre oferecidas. *4510 N. Fort Wilderness Trail • Mapa F1 • 407-824-2900 • www.disneyworld.com • $$$$*

2 Disney's Saratoga Springs Resort & Spa

Bangalôs com um dormitório, casas geminadas de dois quartos, vilas vizinhas aos campos de golfe Disney ou as Treehouse Villas com três dormitórios, no alto das árvores a 3m do chão. Todas incluem serviços domésticos e muitas opções de recreação. *1960 Broadway • 407-827-1100 • www.disneyworld.com • $$$$*

3 Southport Park Campground & Marina

São 10ha de mata à beira do lago. Passe o tempo pescando, passeando junto à vida selvagem (vendo cervos e águias) ou fazendo passeios em barco inflável. Tem espaço para trailers e barracas, com todas as conexões elétricas e eletrônicas. *2001 E. Southport Rd • Mapa complementar • 407-933-5822 • www.southportpark.com • $*

4 Floridian RV Resort

Este retiro perto do East Lake Tohopekaliga tem instalações elétricas para trailers, dois clubes sociais, playground, quadras de tênis e de vôlei. Há muitas atividades de lazer na região, como passeios em bote inflável e parasailing. *5150 Boggy Creek Rd • Mapa complementar • 407-892-5171 • www.florida-rv-parks.com • $*

5 Kissimmee/ Orlando KOA

Ótimo lugar para acampar perto do Walt Disney World® e do SeaWorld®. Tem estacionamento para trailer, camping e cabanas. Os trailers podem ter TV a cabo e conexões para internet por uma taxa extra. *2644 Happy Camper Pl • 407-396-2400 • www.koa.com • $*

6 Clerbrook Golf & RV Resort

Este lugar grande, frequentado por golfistas, tem trailers com conexões 125w, vilas onde não se fuma, *driving range*, quatro piscinas de hidromassagem, biblioteca e salão de beleza. *20005 Hwy 27 • Mapa complementar • 352-394-5513 • www.florida-rv-parks.com • $*

7 Cypress Cove Nudist Resort

Casais e famílias liberais associados aos resorts American Association for Nude Recreation ou Cypress Cove, hospedam-se em vilas, quartos e trailers. *4425 Pleasant Hill Rd • Mapa complementar • 407-933-5870 • www.cypresscoveresort.com • $$*

8 Orlando Southwest Fort Summit KOA

Este resort oferece instalações completas para trailers, bem como pequenas cabanas de madeira e montagens de barracas. Tem loja, lavanderia e acesso à internet. *2525 Frontage Rd • Mapa complementar • 863-424-1880 • www.fort summit.com • $*

9 Circle F. Dude Ranch Camp

Este acampamento de verão para crianças é também retiro familiar em alguns fins de semana entre novembro e maio. Passeios em carroça e a cavalo, nadar e velejar no lago são algumas atividades oferecidas. As diárias de fim de semana incluem cinco refeições. *Hwy 60 & Dude Ranch Rd • Mapa complementar • 863-676-4113 • www.circlefduderanchcamp.com • Não há AD • $$$$*

10 Orlando Winter Garden RV Resort

Pinus e lagos circundam este resort para trailers, a uns 30 minutos de carro do Disney World. Tem facilidades como lavanderia, salão de jogos, salão de baile, bingo e churrasqueiras. Muito frequentado por pessoas mais velhas. *13905 W. Colonial Dr • Mapa C1 • 407-656-1415 • www.wintergardenrv.com • $*

Índice

Agradecimentos

Os Autores
Richard Grula mora em Orlando e escreve sobre a cidade e a cena cultural. Colaborou para *Orlando Weekly, Orlando Magazine, Sidewalk.com* e *Time Out's Guide to Miami and Orlando.*

Jim e Cynthia Tunstall nasceram na Flórida central e são autores de outros cinco guias da Flórida, entre eles o Frommer's *Walt Disney World & Orlando.*

Produzido por Departure Lounge, Londres
Diretora editorial Naomi Peck
Editor de arte Lee Redmond
Editora Clare Tomlinson
Designers Lisa Kosky, Rachel Symons
Diagramação Ingrid Vienings
Pesquisa de imagens Monica Allende, Ellen Root
Assistentes de pesquisa Amaia Allende, Ana Virginia Aranha, Diveen Henry, Faiyaz Kara **Revisão** Stephanie Driver
Índice Hilary Bird
Conferência de dados Phyllis e Arvin Steinberg
Fotógrafos Gregory Matthews, Magnus Rew
Fotografia adicional Dan Bannister, Demetrio Carrasco, Stephen Whitehorn, Linda Whitwham
Ilustrador Lee Redmond
Mapas John Plumer

EM DORLING KINDERSLEY
Gerente Editorial Kate Poole
Editora de Arte Marisa Renzullo
Diretora Editorial Gillian Allan
Editor Douglas Amrine
Editorial Emma Anacootee, Claire Baranowski, Sherry Collins, Joseph Hayes, Christine Heilman, Laura Jones, Esther Labi, Kathryn Lane, Sonal Modha, Mary Ormandy, Rada Radojicic, Mani Ramaswamy, Susana Smith Ros Walford, Marian Virginia Warder **Coordenador de cartografia** Casper Morris
Diagramação Jason Little, Conrad van Dyk
Produção Sarah Dodd

Crédito das imagens
Legendas: a-alto; ca-centro, alto; ad-alto, à direita; cea-centro, alto, à esquerda; ca-centro, alto; cad-centro, alto, à direita; ce-centro, à esquerda; c-centro; cd-centro, à direita; cbe-centro, embaixo, à esquerda; cb-centro, embaixo; cbd-centro, embaixo, à direita; be-embaixo, à esquerda; bc-embaixo, centro; bd-embaixo, à direita.

Todos os esforços foram feitos para identificar os detentores dos direitos autorais. Pedimos desculpas por quaisquer omissões indesejadas. Estamos à disposição para inserir os créditos adequados em qualquer edição posterior desta publicação.

Os editores gostariam de agradecer aos seguintes indivíduos, empresas e fototecas por sua gentil autorização para reproduzir suas fotografias:

ALAMY IMAGES: Gerrit de Heus 27ce; Kelly Shannon Kelly 92ae; Ilene MacDonald 66ae, ARABIAN NIGHTS: 80b; BLUE MARTINI 74ae, BOGGY CREEK AIRBOAT RIDES: 110ae

CHOICE HOTELS INTERNATIONAL, INC.: 146ae CHRIS CASLER: 77ca, 78ae, 78b; 2000 CORNELL FINE ARTS MUSEUM: 118ad CORBIS /Kevin Morris 64ad; / David Muench 36-7; /Patrick Ward 109be; COWBOYS ORLANDO: 116ad

DEPARTURE LOUNGE: 136ad, 137ae; DISCOVERY COVE: 48ad, 50-51, 97c;

© DISNEY: 8-9, 10, 12-13, 14, 16-17, 18-19, 56ce, La Nouba by Cirque du Soleil, 89, 91, 93, 94, 95; DOUBLETREE GUEST SUITES: 144ae; FIRESTONE LIVE: 76ae; FLORIDA ECO_SAFARIS: 108be, FLORIDA FILM FESTIVAL 64c, 65bd; GAY DAYS: 65be; GAYLORD PALMS RESORT & CONVENTION CENTER: 58c; GENESIS SPACE PHOTO LIBRARY: 40tc, 40c; GUESTCOUNTS HOSPITALITY: 105ae

HARD ROCK Orlando: 76ce; © HEIDI TARGEE: 46ael, 99c, 114b, HOLIDAY INN: 141ae; HOLIDAY INN WALT DISNEY: 144ad; ICEBAR Orlando: 100ae

KENNEDY SPACE CENTER: 3bd, 7b, 38-39c, 38c, 38b, 39a, 39c, 39b, 40ae; KISSIMMEE-ST CLOUD CONVENTION & VISITORS' BUREAU, 48c, 108tc, 110ad; Doug Dukane: 47, 56ae, 56ad, 57ad, 106ae, 109ae, 110ac

MAD COW THEATRE Tom Hurst 63ca; © MEDIEVAL TIMES: 80ae; MERRITT ISLAND NATIONAL WILDLIFE REFUGE: 7cd, 36c, 36, 37b

© NASA: 40ad, 41c, 41b; ORLANDO TOURISM BUREAU, London: 53, 57ce, 57cd, 60ae, 60ad

ORLANDO & ORANGE COUNTY CONVENTION & VISITORS' BUREAU, INC: 3ad, 44ae, 54b, 55, 62ae, 62ad, 62b, 67ae, 75ad, 76ce,101ad, 106ad, 109ad, 109bd, 112c, 115cd, 119a, 127ae; ORLANDO INTERNATIONAL FRINGRE FESTIVAL: 64ae; PARK PLAZA GARDENS: 68ad; PARLIAMENT HOUSE: 79; RIVERSHIP ROMANCE: Jeff Drake 84cd; ROMANO'S MACARONI GRILL: 70ce

SEAWORLD PARKS AND ENTERTAINMENT Todos os direitos reservados: 3be, 3ae, 7ad, 28-29c, 28a, 28c, 29a, 29ceb; 30ae, 30ad, 30b, 31c, 31b, 32-33, 42-43b, 43a, 43c, 129, 139ae, Jason Collier 29cbe; SKYVENTURE LLC, ORLANDO: 45ac; THE SOCIAL CLUB: 116ae; SPA AT THE WYNDHAM PALACE RESORT: 59; STARWOOD 148ae

© UNIVERSAL ORLANDO RESORT All rights reserved: 3ac, 4-5, 6ad, 6be, 20-21c, 20t, 20c, 20b, 21a, 22ae, 22ac, 22ad, 22c, 23c, 23b, 24-25, 24a, 24c, 24b, 25a, 26a, 26ad, 42ae, 42ad, 42c, 43b, 46ad, 65cd, 68b, 86-87, 96ad, 97t, 104ae, 104ac, 126ad, 142; US FISH AND WILDLIFE SERVICE: Gary M. Stolz 37a; VILLAS OF GRAND CYPRESS: 56a, 57bd, 88ad, 143; WALT DISNEY WORLD DOLPHIN RESORT: 69ae; WET'N'WILD: 7ce, 34-35c, 34a, 34ce, 34b, 35a, 35cd, 35b, 48ae, 96ae

THE ZIMMERMAN AGENCY: The Kessler Collection: 72ae, 117ae; © ZORA NEALE HURSTON NATIONAL MUSEUM OF FINE ARTS *Festival Girl*, Jane Turner 121ce

Orelha da Capa: SEAWORLD PHOTO/VIDEO SERVICES, FLORIDA: cbe

Todas as outras imagens são © Dorling Kindersley. Para mais informações ver www.dkimages.com.

Índice de Ruas